Informazioni legali

© 2023
Autore ed editore: M.Eng. Johannes Wild
A94689H39927F
E-mail: 3dtech@gmx.de

L'impronta completa del libro si trova nelle ultime pagine!

Questo lavoro è protetto da copyright

Prefazione

Grazie mille per aver scelto questo libro!

Vuoi approfondire le tue conoscenze e competenze nella progettazione CAD passo dopo passo con il software "FreeCAD"? Allora sei nel posto giusto! Infatti, sulla base di nove progetti di progettazione moderatamente difficili, in questo corso orientato alla pratica potrai imparare nuovi approcci e nuove funzionalità del programma "FreeCAD" e migliorare così le tue competenze CAD.

Questo corso è adatto a te se hai già una conoscenza iniziale di "FreeCAD" e/o se hai completato il corso per principianti. Se questo non fa al caso tuo, consulta prima il corso per principianti. Puoi trovarlo sotto il nome di "FreeCAD | passo dopo passo".

Sono un ingegnere e in questo corso cercherò di introdurti alla progettazione avanzata in "FreeCAD" in modo semplice e facile da capire.

Ecco il link per il download gratuito:

https://www.freecadweb.org

Questo corso dettagliato e orientato alla pratica è rivolto in particolare agli utenti avanzati e mostra in dettaglio e passo dopo passo come realizzare progetti CAD anche molto complessi. Ottieni la tua copia del corso e migliora le tue competenze in "FreeCAD" oggi stesso!

Indice dei contenuti

1 Introduzione: Ambito del corso e impostazioni di base

1.1 Cosa aspettarsi e cosa imparerai in questo corso

Ciao e benvenuto al corso avanzato "FreeCAD"!

Grazie per aver scelto questo corso!

In questo corso troverai nove fantastici progetti di design con un livello di difficoltà medio-basso. Puoi ricostruire questi progetti passo dopo passo nel software CAD gratuito "FreeCAD" e migliorare così le tue abilità CAD. Come utente avanzato, non hai bisogno di una grande introduzione al programma, ma sicuramente vorrai iniziare subito. Pertanto, dopo una breve nota su come scaricare il programma e alcune importanti impostazioni di base, iniziamo subito con il primo progetto di design.

Questo corso è specifico per la progettazione CAD avanzata. In questo corso progetteremo singoli pezzi e creeremo assemblaggi. Per le altre aree di lavoro di "FreeCAD" troverai corsi separati nel corso del tempo. L'obiettivo principale di questo corso è quindi la progettazione avanzata 2D/3D con "FreeCAD"!

In questo corso affronteremo progetti facili, come la costruzione di una molla a spirale e di un moschettone, e progetti moderatamente difficili, come la costruzione di un cuscinetto a sfera o di un telecomando. Ma questa è solo una piccola selezione, ci sono molti altri progetti fantastici che ti aspettano. In questo corso potrai ricostruire ogni oggetto 3D passo dopo passo e uno dopo l'altro, in modo da consolidare le funzioni di base di "FreeCAD", ma anche per conoscere nuove funzioni.

Se non hai conoscenze di base o non hai mai lavorato con "FreeCAD", devi assolutamente seguire il corso per principianti: "FreeCAD | passo dopo passo". Questo corso ti offre un'introduzione semplice e di facile comprensione al programma. Se hai già completato questo corso, sei ben preparato per i prossimi progetti di design!

In poche parole, in questo corso imparerai nel dettaglio:

- Approfondisci le funzioni di base di "FreeCAD" (dal corso per principianti) con nuovi progetti
- Scopri le nuove funzionalità 2D e 3D
- Progettare in modo orientato alla pratica, utilizzando progetti di esempio
- Imparare nuovi approcci all'edilizia
- Creare parti e assiemi individuali

Progetti di design:

- *Molla elicoidale,*
- *Moschettone,*
- *Ingranaggio,*

- *Vaso da fiori,*
- *Chiave inglese,*
- *Pistone, pistone e biella*
- *Cuscinetto a sfera,*
- *Annaffiatoio,*
- *Telecomando.*

È meglio seguire l'ordine indicato nel corso, poiché le lezioni di questo corso si basano l'una sull'altra. Assicurati di aver completato il corso per principianti associato "FreeCAD | passo dopo passo", poiché le nozioni di base <u>non </u>sono più menzionate in dettaglio in questo corso avanzato. Ma non preoccuparti, anche in questo corso tutti i progetti sono spiegati passo dopo passo. Dopo un breve capitolo sul download del programma e sulle impostazioni di base del programma, iniziamo subito con il primo progetto!

1.2 Impostazioni di base di "FreeCAD"

"FreeCAD" può essere scaricato gratuitamente. Per farlo, vai sul sito ufficiale https://www.freecadweb.org e scarica l'ultima versione.

Prima di iniziare con i progetti di design, affrontiamo brevemente le impostazioni del programma in modo da avere una situazione di partenza identica. Per farlo, clicca sul pulsante "Edit" e seleziona l'opzione "Preferences ...".

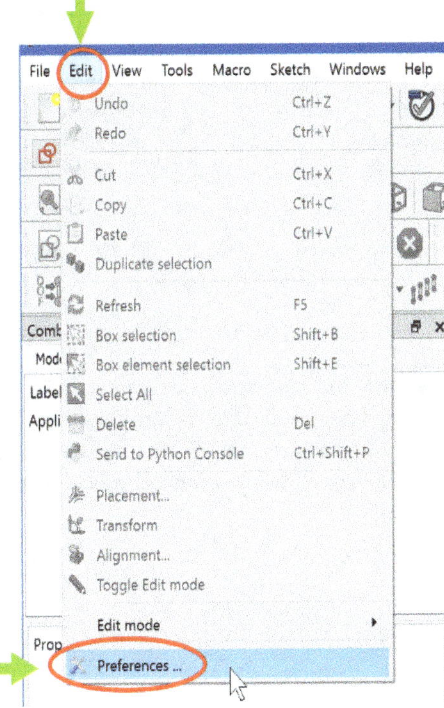

Il programma "FreeCAD" seleziona automaticamente la lingua del sistema operativo quando viene avviato per la prima volta. Tuttavia, puoi modificare questa impostazione anche nella sezione "General". Per motivi organizzativi, in questo corso la lingua del programma è l'inglese. Questo è un vantaggio per orientarsi nei forum o nella comunità internet, per lo più di lingua inglese. Ma non preoccuparti, sarai in grado di orientarti sufficientemente in qualsiasi altra lingua con l'aiuto delle immagini e delle spiegazioni aggiuntive.

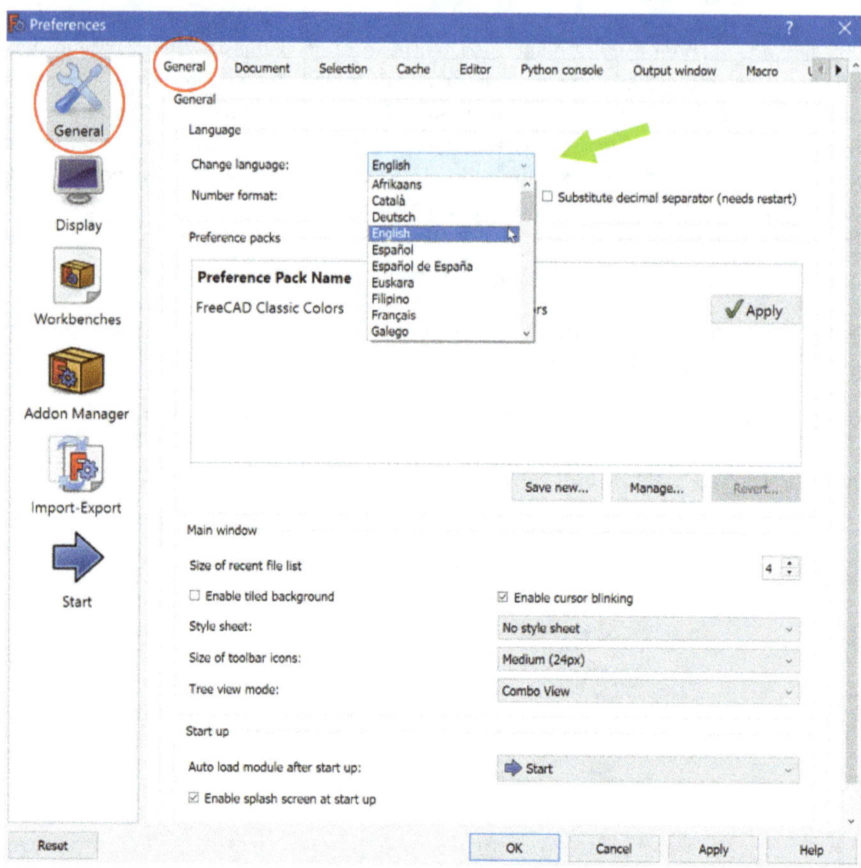

Poco più avanti, nella sezione "Main window", puoi cambiare il colore del display. Se però per te non è importante, puoi semplicemente lasciare l'impostazione predefinita "No style sheet". In questa sezione possiamo anche modificare la dimensione delle icone dei comandi della barra degli strumenti. È meglio utilizzare l'impostazione "Medium (24px)" se non è già selezionata.

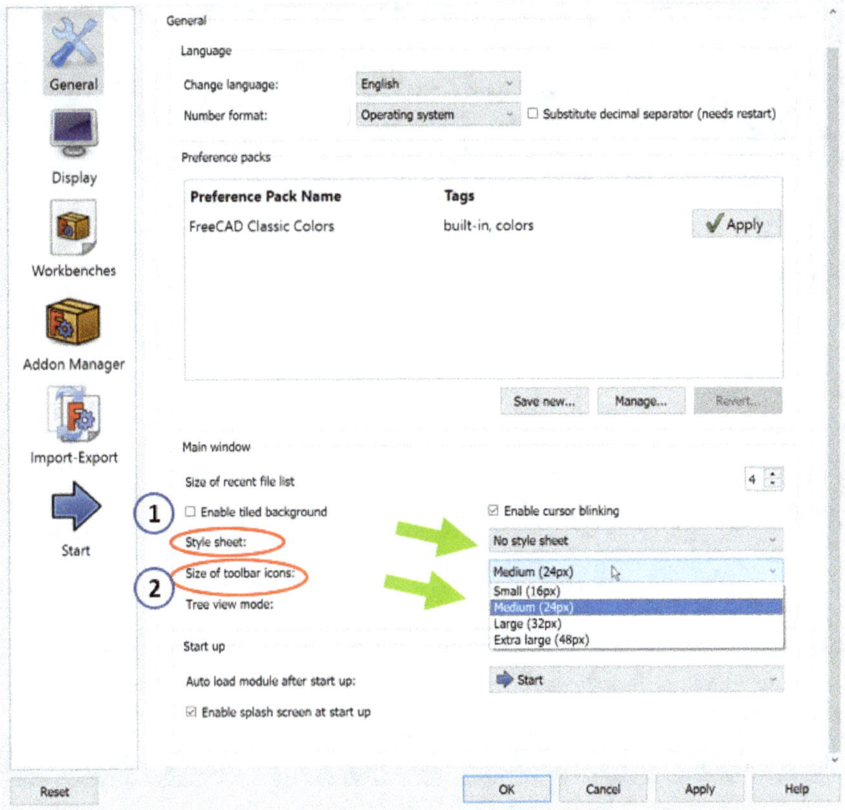

Un'altra importante impostazione della sezione "General" si trova nella scheda "Units". Qui possiamo impostare il sistema di unità di misura preferito. Utilizziamo le unità standard "Standard (mm/kg/s/degree)".

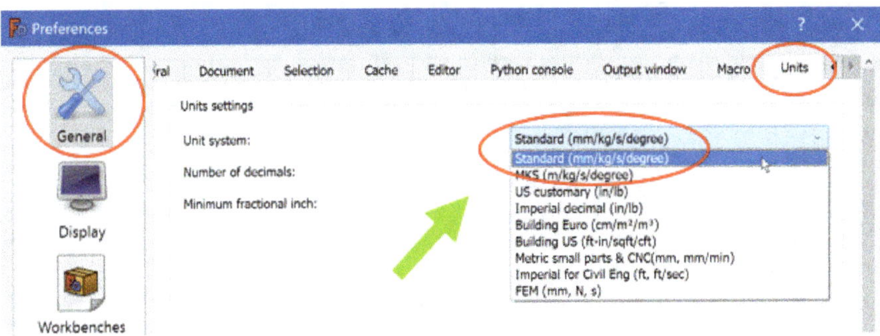

Poi dobbiamo controllare nell'area "Display" se il sistema di coordinate è visualizzato. A tal fine, è necessario spuntare l'opzione "Show coordinate system in the corner".

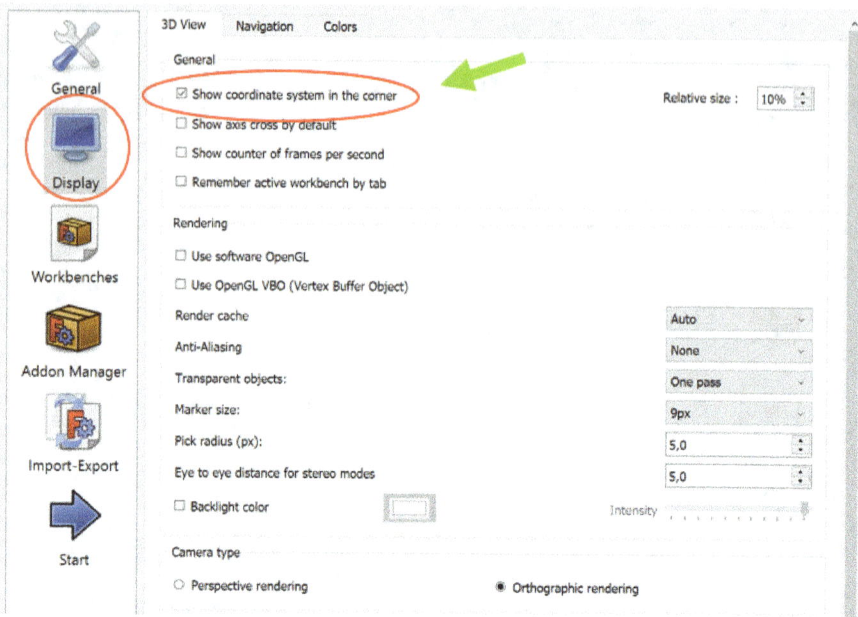

Inoltre, possiamo cambiare lo sfondo dell'area di lavoro nella scheda "Colors". Tuttavia, questo non deve necessariamente essere fatto, ma è una questione di gusto. Ad esempio, cambiamo lo sfondo con il colore bianco.

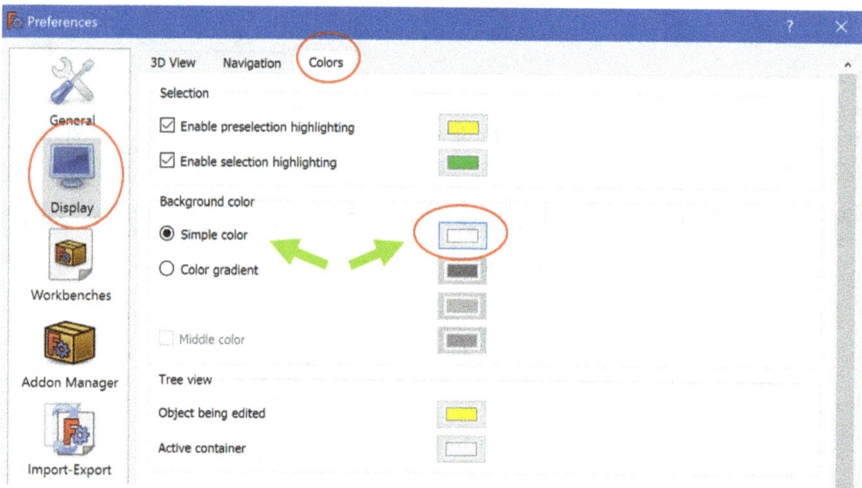

Se hai modificato le impostazioni, clicca su "Apply" nella parte inferiore della finestra e poi sul pulsante "OK" per applicare le impostazioni effettuate e chiudere la finestra.

Dobbiamo anche effettuare alcune importanti impostazioni di base nell'area di lavoro "Sketcher". Come probabilmente ricorderai, creiamo gli schizzi 2D dei nostri oggetti 3D nell'area di lavoro "Sketcher".

Per poter effettuare le impostazioni, dobbiamo prima passare a questa area di lavoro e poi aprire nuovamente le impostazioni ("Preferences ...").

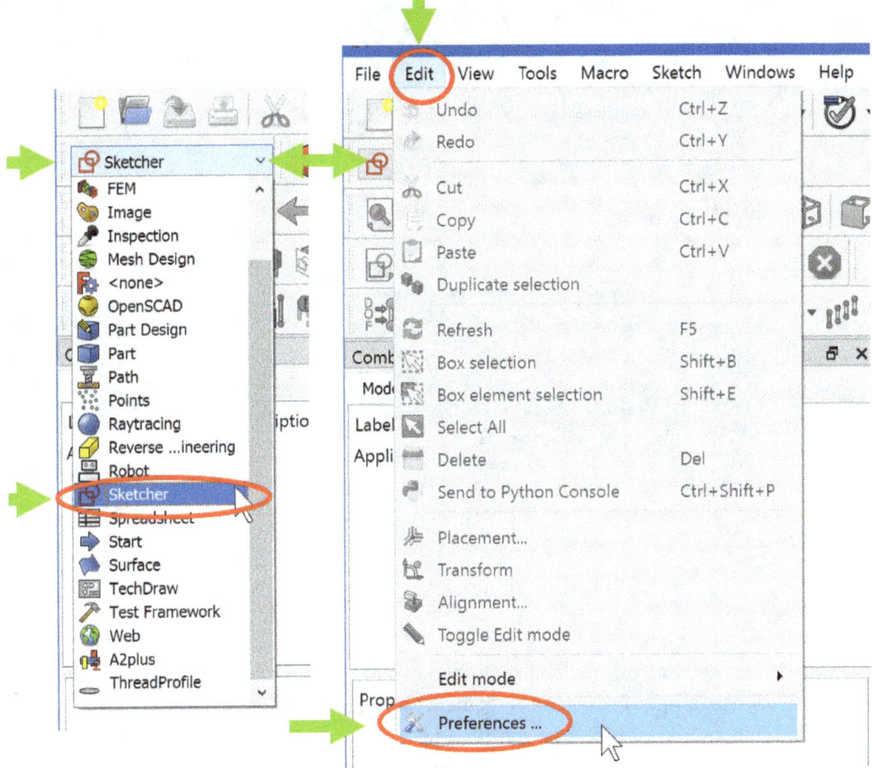

Effettuiamo alcune impostazioni relative alla visualizzazione. Per fare ciò, naviga nelle opzioni fino alla sezione "Sketcher".

Qui attiviamo, se lo desideri, la griglia di disegno mettendo un segno di spunta sull'opzione "Show grid". L'impostazione "Grid snap" facilita la selezione dei punti d'angolo della griglia da parte del cursore. **In questo corso abbiamo disattivato questa opzione perché altrimenti potrebbero esserci problemi con le costruzioni più avanzate quando si seleziona una geometria.**

Anche la dimensione della griglia può essere impostata qui. Tuttavia, queste impostazioni non sono assolutamente necessarie, ma solo un aiuto facoltativo durante il disegno.

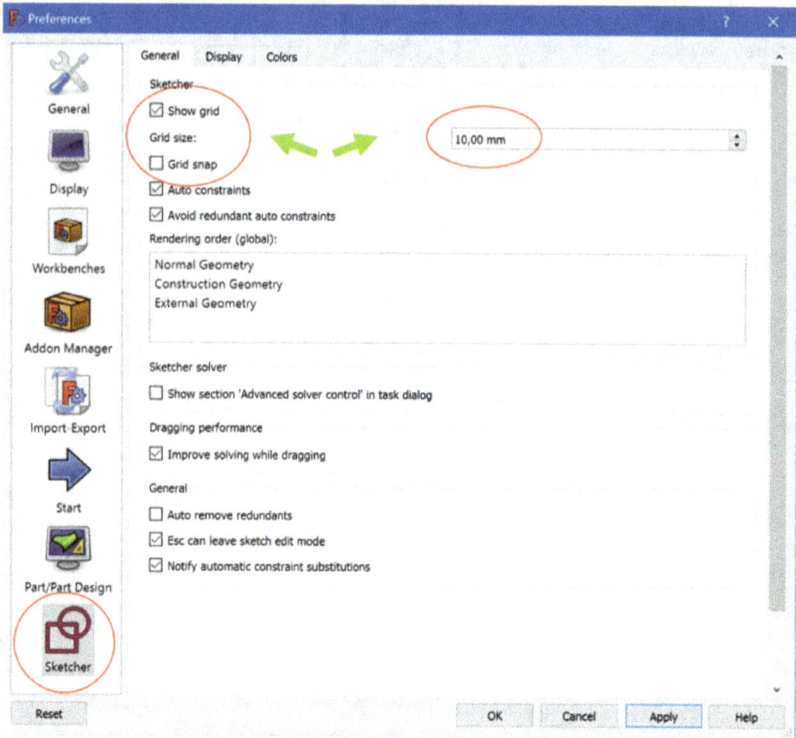

Per una migliore visualizzazione degli elementi geometrici, aumentiamo anche il numero di segmenti visualizzati per geometria ("Segments per geometry") al valore 500 nella scheda "Display". Questa impostazione permette, ad esempio, di visualizzare un cerchio in modo più rotondo. Tuttavia, questo si nota solo quando si effettua uno zoom molto vicino alla geometria.

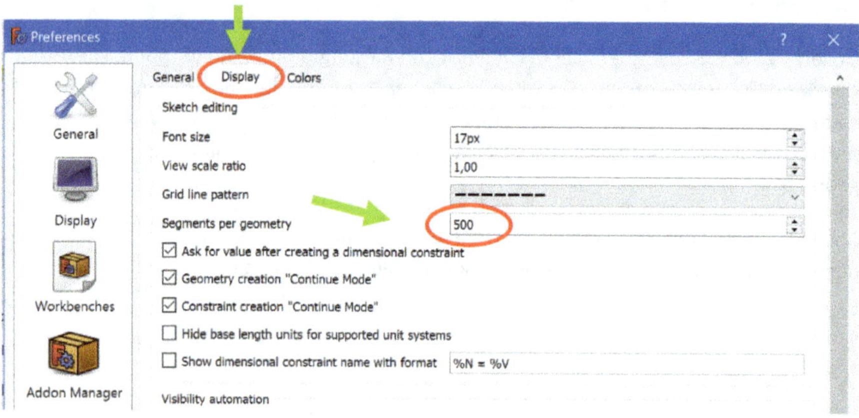

È inoltre importante impostare i campi cerchiati in rosso nella scheda "Colors" sul colore nero o su un colore scuro simile se abbiamo scelto uno sfondo bianco o chiaro. Altrimenti non saremmo in grado di vedere gli elementi geometrici in seguito.

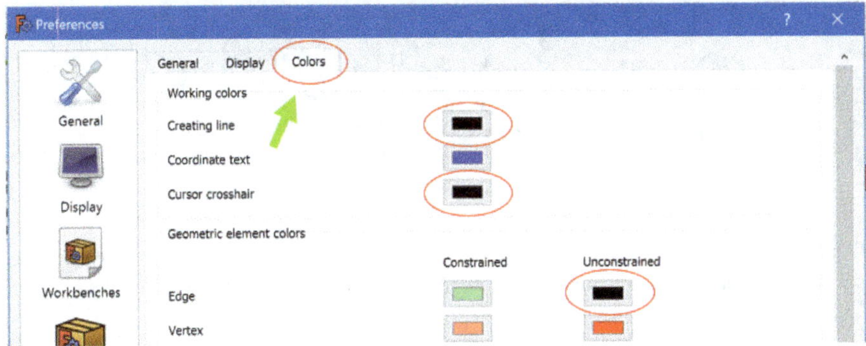

Possiamo anche modificare le dimensioni di visualizzazione del cubo dell'orbita ("navigation cube") e il sistema di coordinate nelle impostazioni. Per impostazione predefinita, questi vengono visualizzati molto piccoli. Per farlo, devi accedere alla sezione "Display". Per effettuare le impostazioni, vai prima alla scheda "3D View" e poi alla scheda "Navigation".

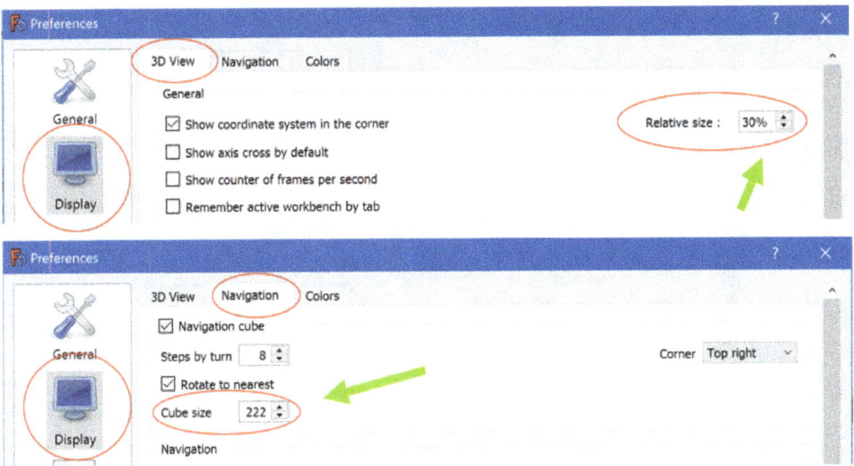

Puoi spostare l'area di disegno e anche successivamente l'oggetto 3D, a seconda della modalità preselezionata. Puoi selezionarlo in basso a destra nell'area di disegno. È meglio selezionare la modalità "CAD". La navigazione avviene quindi come mostrato. A proposito, "Pan" significa muoversi. "Rotate", "Zoom" e "Select" dovrebbero essere chiari.

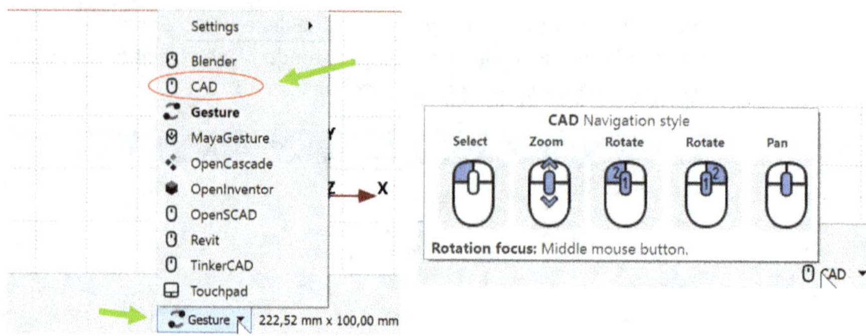

Ora tutte le nostre impostazioni dovrebbero essere identiche e quindi non dovrebbero sorgere problemi nel prosieguo. Ora possiamo finalmente iniziare i progetti di design!

2 Progetto n. 1: Molla a spirale

Per riscaldarci, come primo progetto creeremo una molla a spirale. L'aspetto dovrebbe essere il seguente.

All'inizio di ogni progetto ci troviamo nell'area di lavoro "Part Design". Creiamo un nuovo documento con il comando "New" e un corpo con il comando "Create body".

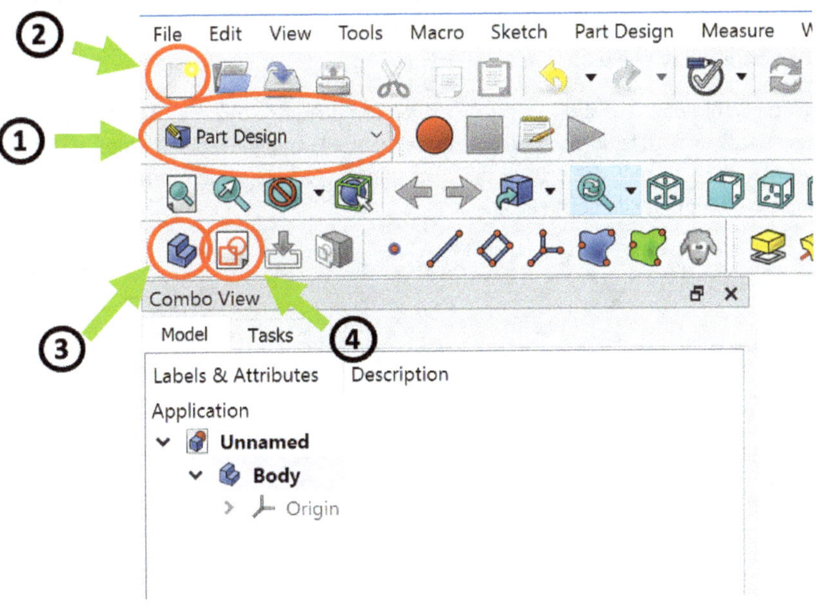

Poi dobbiamo creare uno schizzo 2D. Per la molla elicoidale creiamo uno schizzo sul piano x-z utilizzando il comando "Create Sketch".

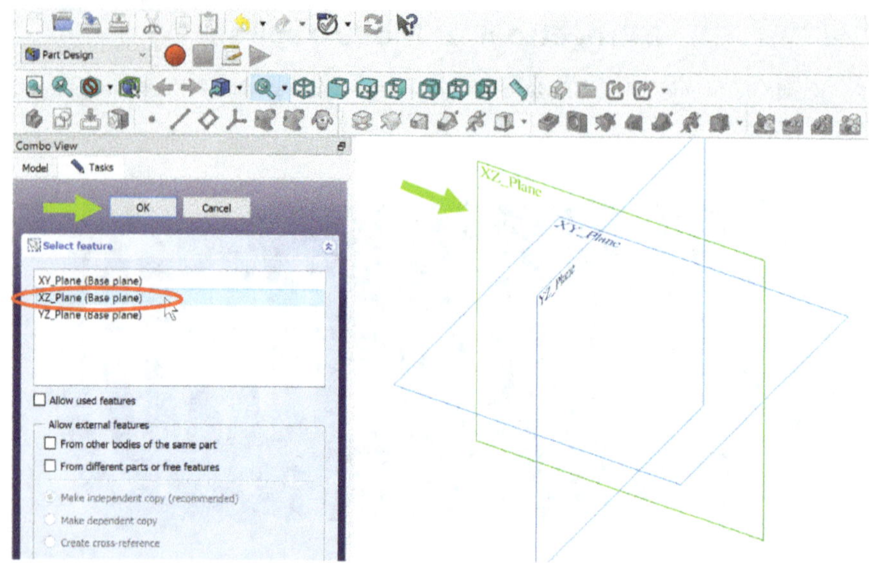

Creeremo la molla elicoidale utilizzando il comando "Additive helix". Questo comando estrude uno schizzo 2D lungo un'elica. Ora dobbiamo pensare a quale geometria disegnare nello schizzo 2D per poterla estrudere lungo un'elica e ottenere così la molla elicoidale. Con un po' di immaginazione possiamo capire che una molla elicoidale consiste in un pezzo di filo avvolto a spirale. Questo significa che abbiamo bisogno di un cerchio come geometria iniziale per il pezzo di filo.

Questo cerchio deve trovarsi sull'asse x e avere un diametro di 2 mm. Questa dimensione determinerà in seguito lo spessore del materiale della molla elicoidale. Inoltre, il cerchio deve trovarsi a 10 mm dall'origine delle coordinate. Questa dimensione determina poi il diametro (20 mm) della molla elicoidale.

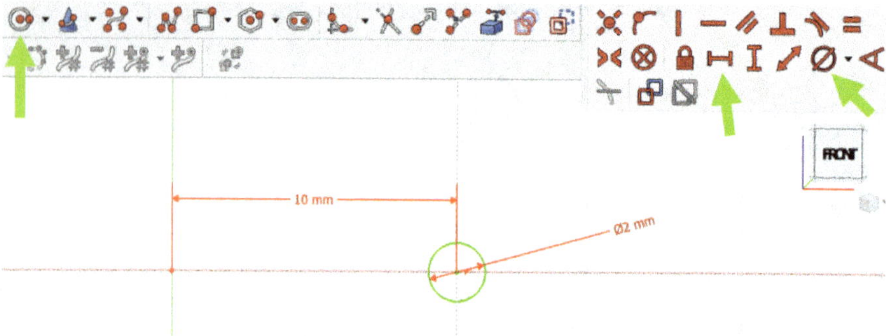

Poi possiamo chiudere lo schizzo. Dopo essersi assicurati che lo schizzo sia selezionato nella struttura ad albero, clicchiamo sul comando "Additive helix".

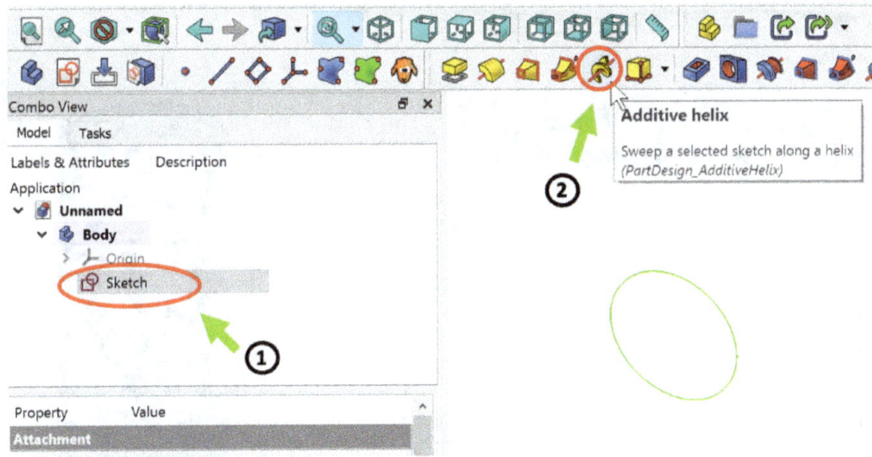

Il programma estrude quindi lo schizzo lungo un'elica e crea così la molla elicoidale. L'opzione "Vertical sketch axis" è selezionata come asse nelle impostazioni. Equivalente sarebbe la selezione dell'opzione "Base z axis", dato che l'asse z è l'asse verticale in questo caso. Se selezioniamo uno degli altri assi, l'orientamento della molla a spirale verrà modificato.

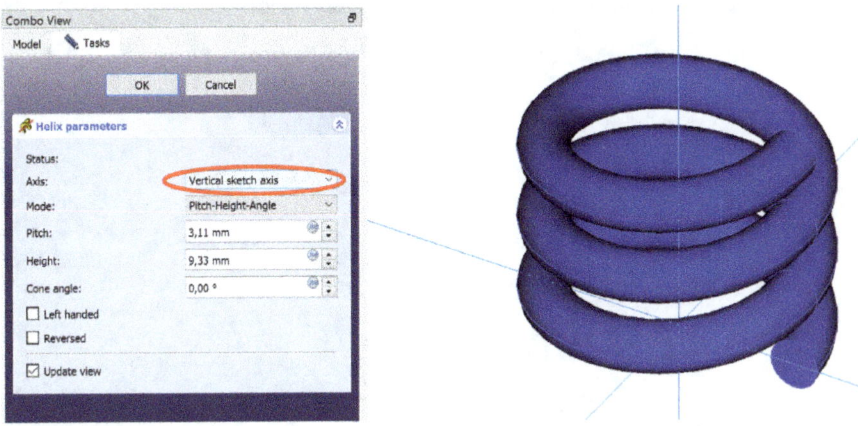

Utilizzando tre parametri, possiamo modificare la molla elicoidale nel modo desiderato. Per impostazione predefinita, è selezionata l'opzione "Pitch-Height-Angle". In questo caso abbiamo bisogno dell'altezza desiderata, del passo desiderato e, se necessario, di un angolo se vogliamo ottenere una molla conica. Ad esempio, inseriamo 3,11 mm per il parametro "Pitch", 50 mm per il parametro "Height" e 0° per il parametro "Cone angle". Clicca su "OK" per creare il modello 3D.

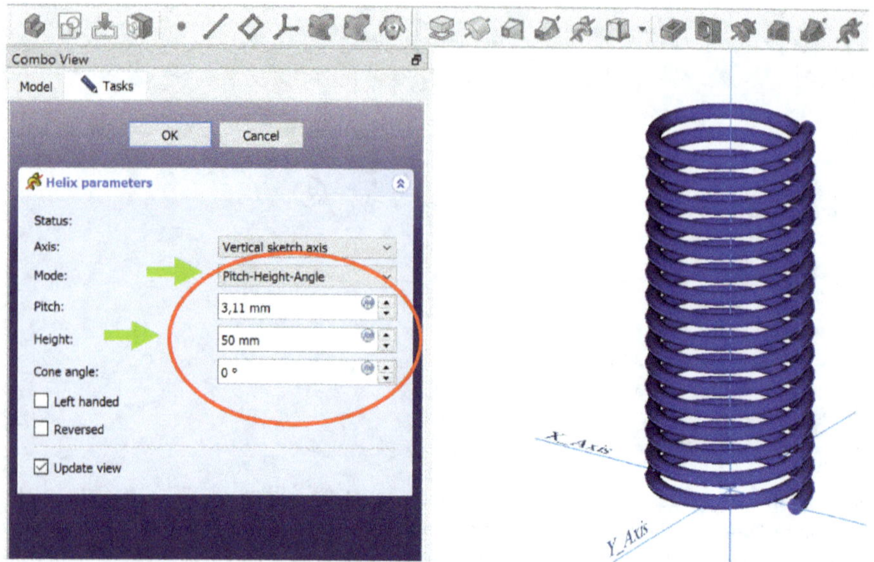

Questo progetto è stato relativamente facile e, come già detto, è stato pensato come riscaldamento. Non preoccuparti, il livello di difficoltà aumenta con ogni progetto. Ci sono ancora molti progetti fantastici e più complessi che ti aspettano!

3 Progetto n. 2: Moschettone

Poi, vogliamo costruire un moschettone che abbia questo aspetto.

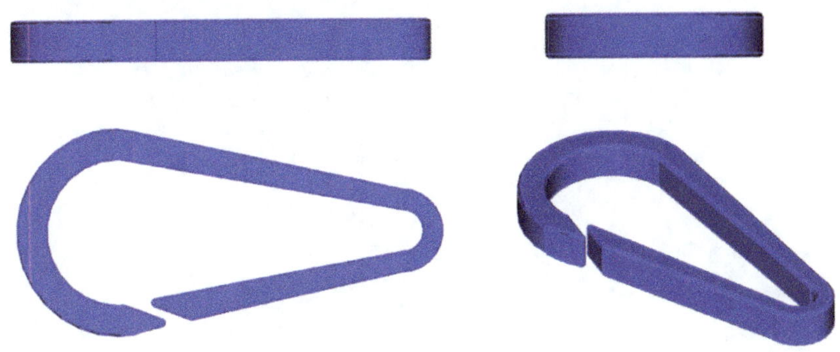

Per il moschettone creiamo un nuovo documento come al solito nell'area di lavoro "Part Design". Per prima cosa pensiamo a come costruire al meglio il modello 3D del moschettone. Se osserviamo il moschettone un po' più da vicino, notiamo che possiamo collocare una forma circolare nelle aree di sinistra e di destra e che i montanti del moschettone rappresentano collegamenti tangenziali tra questi due cerchi.

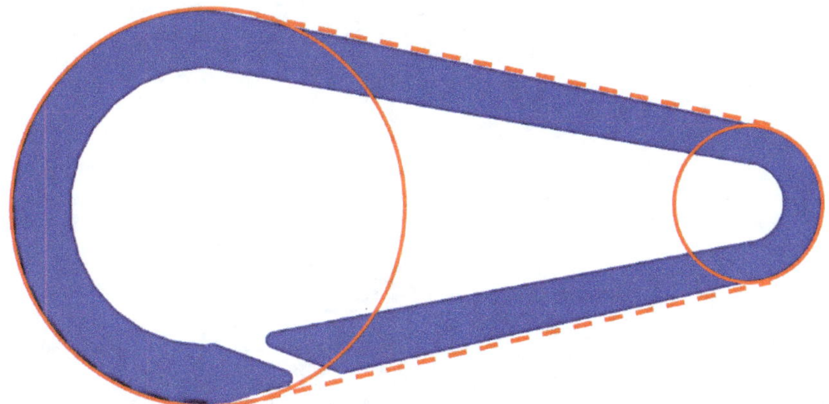

Con l'aiuto di queste geometrie costruiremo il moschettone. Per fare ciò, abbiamo bisogno di uno schizzo 2D da creare sul piano x-y.

Su questo piano disegniamo prima i due cerchi. I centri di entrambi i cerchi devono trovarsi sulla linea rossa orizzontale (asse x). Ad esempio, scegliamo un diametro di 50 mm per il primo cerchio. Poi crea un altro cerchio con un diametro di 20 mm. Il primo cerchio deve trovarsi a sinistra della linea verticale verde (asse y), mentre il secondo cerchio deve trovarsi a destra di questa linea. Abbiamo dimensionato la distanza tra i due cerchi a 70 mm. Per definire completamente lo schizzo precedente, ora abbiamo bisogno di un riferimento all'origine lungo l'asse delle ascisse. Definiamo la posizione del nostro schizzo nella direzione x, ad esempio quotando 35 mm dal centro di un cerchio all'origine.

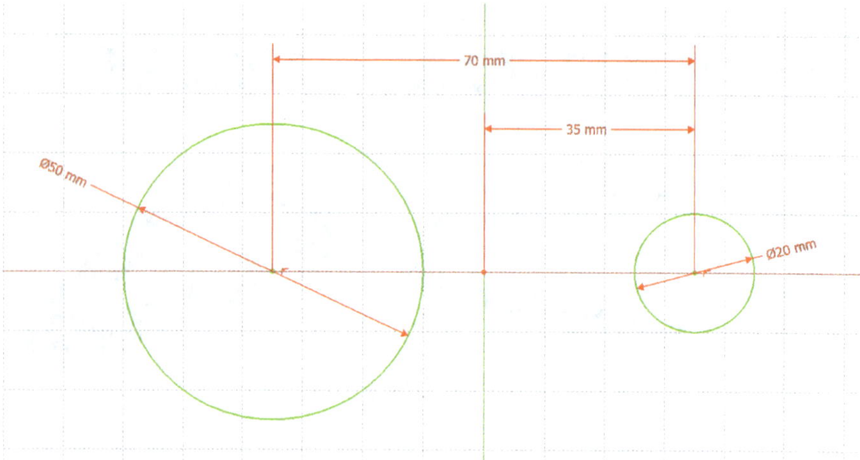

Poi tracciamo due linee i cui punti finali devono trovarsi rispettivamente sui due cerchi. Abbiamo bisogno di una linea sopra l'asse delle ascisse e una linea sotto l'asse delle ascisse.

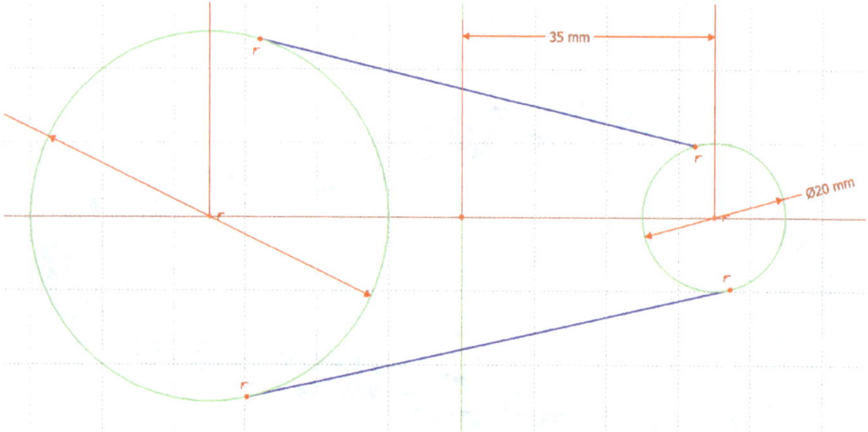

Nel passaggio successivo creiamo dei vincoli verticali tra i punti finali delle linee e i centri dei cerchi, in modo che i punti finali delle linee si trovino verticalmente sopra i centri dei cerchi. Per farlo, selezioniamo prima due punti e poi utilizziamo il comando "Constrain vertically".

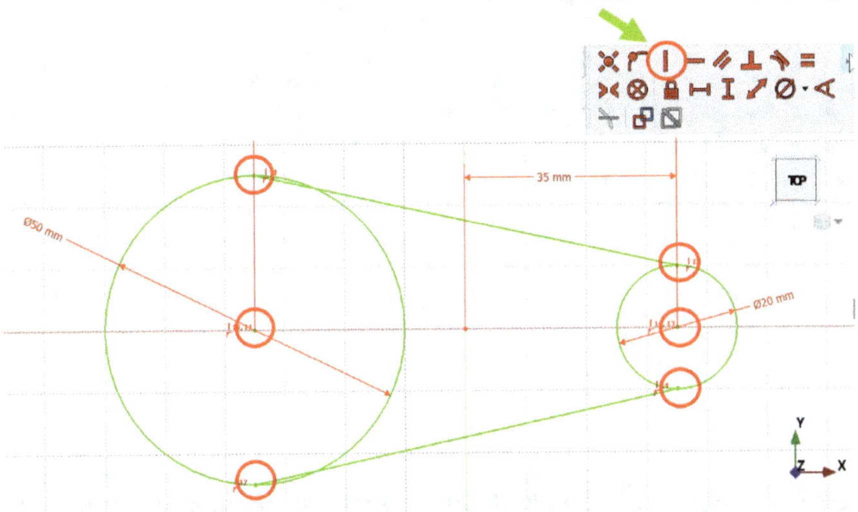

Per la costruzione successiva abbiamo bisogno solo del contorno esterno, quindi utilizziamo il comando "Trim Edge" nel seguito. Con questo comando possiamo facilmente rimuovere tutti i segmenti di linea superflui (contrassegnati dalle frecce). Lo schizzo rimane completamente definito perché il programma collega automaticamente i punti d'angolo risultanti.

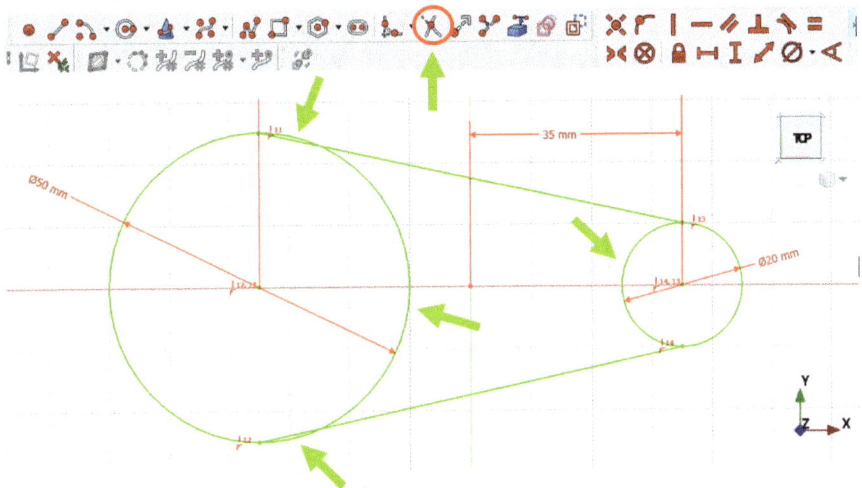

Dopo aver applicato il comando, otteniamo il contorno esterno del moschettone.

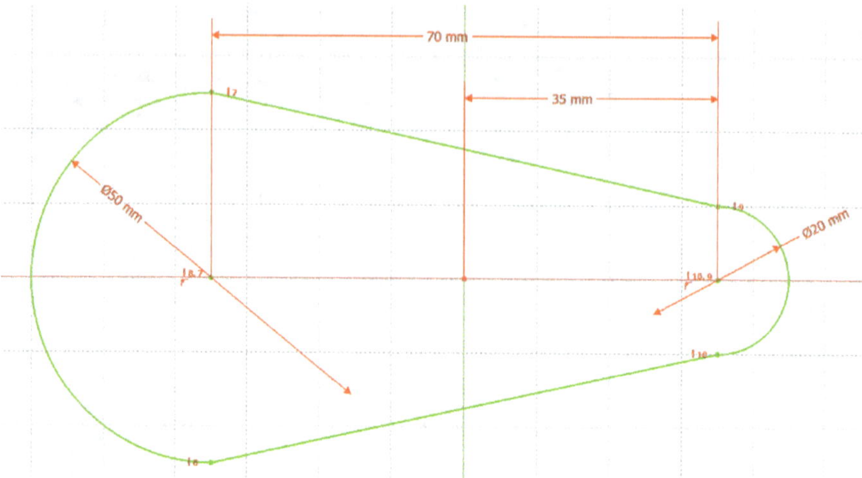

Se dovessimo estrudere questa superficie già adesso, dovremmo fare un ulteriore taglio nell'area centrale per ottenere il corpo finale del moschettone. Tuttavia, possiamo risparmiare questo passaggio disegnando la sezione trasversale del moschettone in un'unica fase. A tal fine, aggiungi due cerchi supplementari nell'area interna del moschettone e dimensionali con 35 mm e 10 mm.

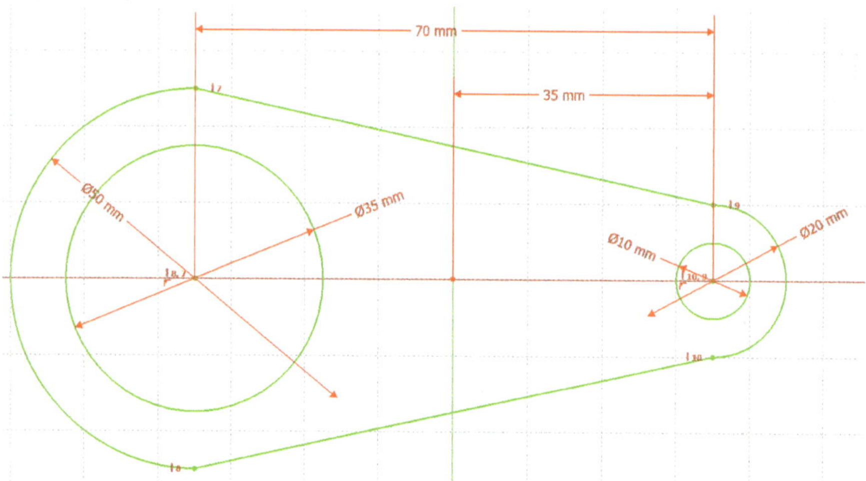

Analogamente ai passaggi precedenti, creiamo di nuovo due linee i cui punti finali si trovano sui due cerchi. Inoltre, creiamo anche quattro vincoli con il comando "Constrain vertical" in modo che i punti finali delle linee coincidano verticalmente con i due centri del cerchio.

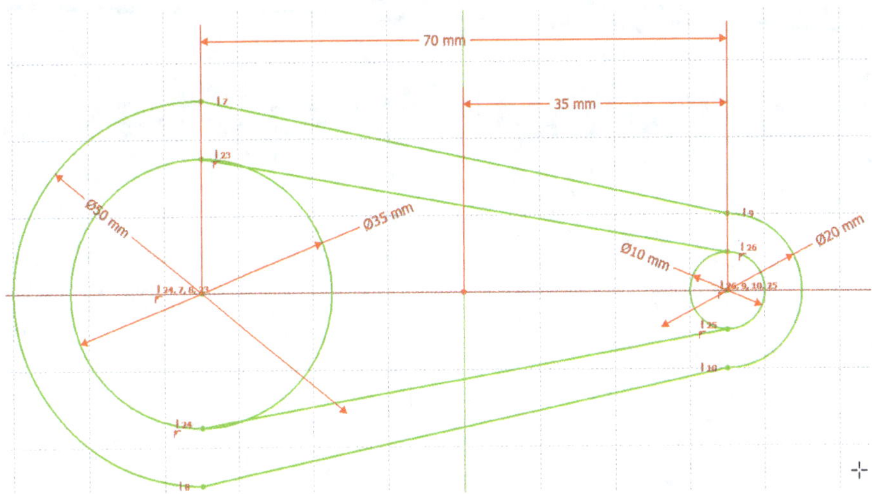

Infine, rimuoviamo tutta la geometria superflua utilizzando il comando "Trim edge".

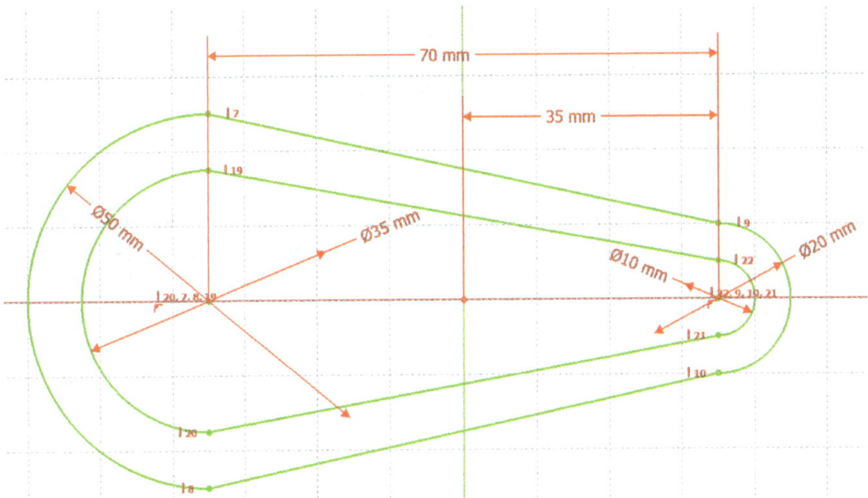

Come puoi vedere ora, questo ci dà la geometria della sezione trasversale del moschettone quasi finita. Manca ancora un'apertura. Per questa apertura tracciamo due linee parallele nell'area inferiore sinistra del moschettone. I punti finali delle linee devono trovarsi sul contorno del moschettone. Creiamo il parallelismo delle linee con la condizione "Constrain parallel".

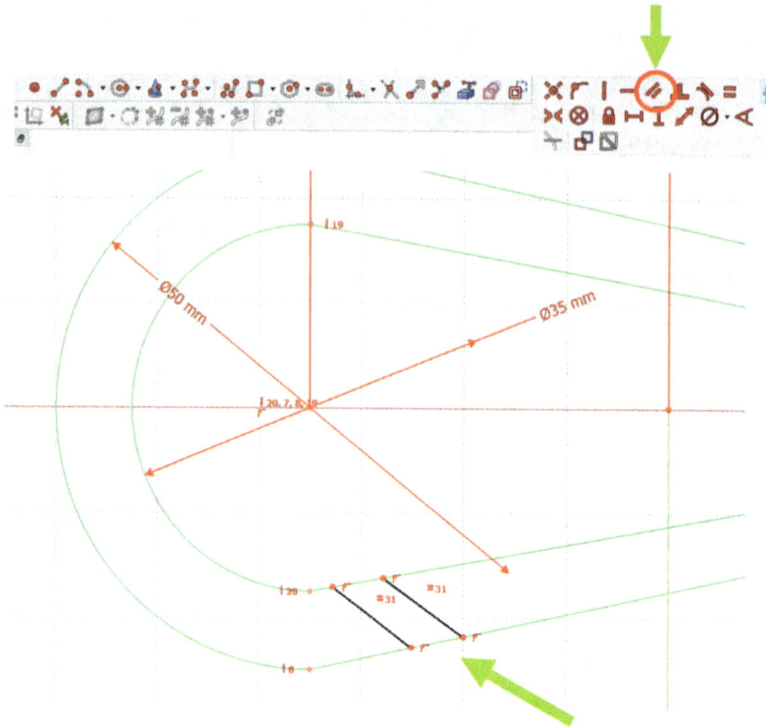

Per definire ulteriormente lo schizzo aggiungiamo una dimensione angolare, che posizioniamo tra la linea inferiore e l'asse x con il comando "Constrain angle". Per farlo, clicchiamo prima sulla linea, poi sull'asse x e infine sul comando. Abbiamo bisogno di un angolo di 20 gradi.

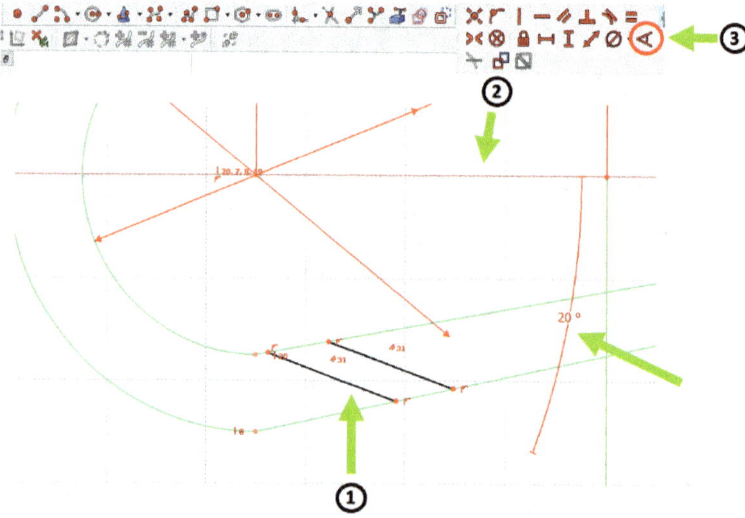

Per definire completamente lo schizzo, aggiungiamo due misure orizzontali di 4 mm (tra le due linee parallele) e di 1 mm (tra il punto finale e il centro del cerchio).

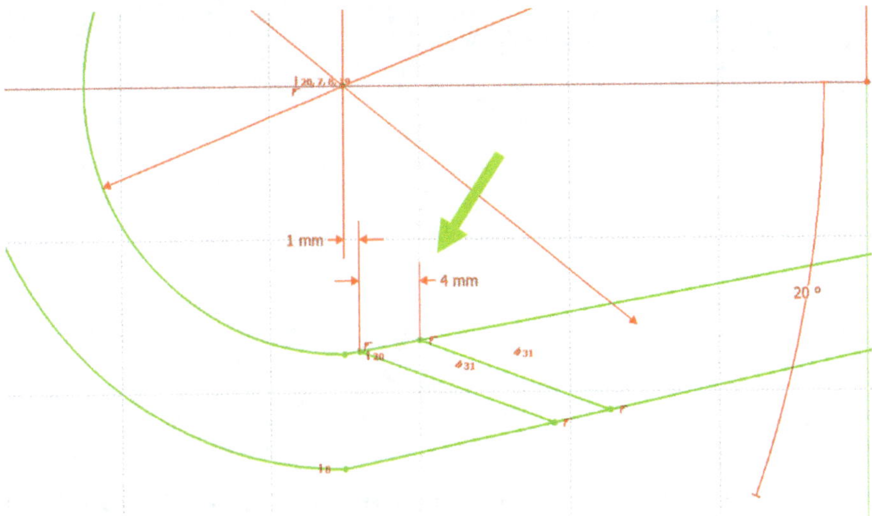

Poiché vogliamo costruire un'apertura, dobbiamo anche rimuovere due segmenti di linea superflui. Lo rifacciamo con il comando "Trim edge".

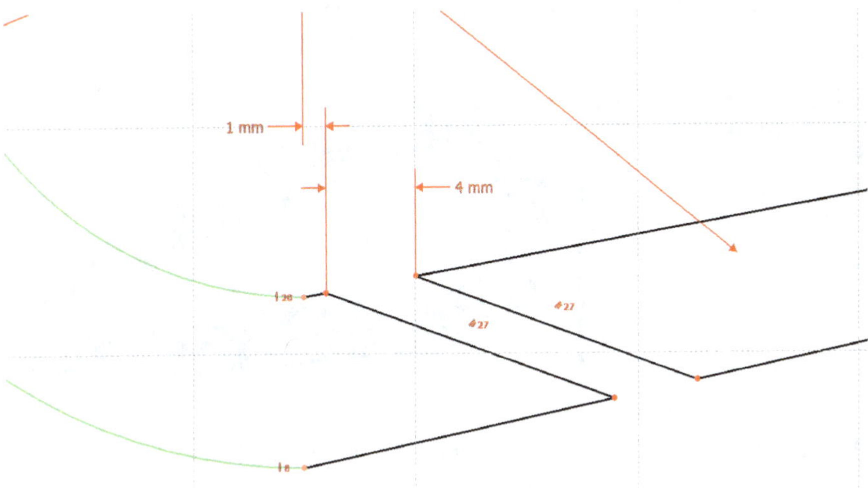

Poiché purtroppo lo schizzo non è più completamente definito da questa azione (alcune linee sono diventate nere), dobbiamo aggiungere alcune dimensioni in modo che lo schizzo torni completamente verde. Lo facciamo con l'aiuto del comando "Constrain Distance" e cliccando sulle rispettive linee (vedi frecce). Lasciamo le dimensioni ai valori indicati.

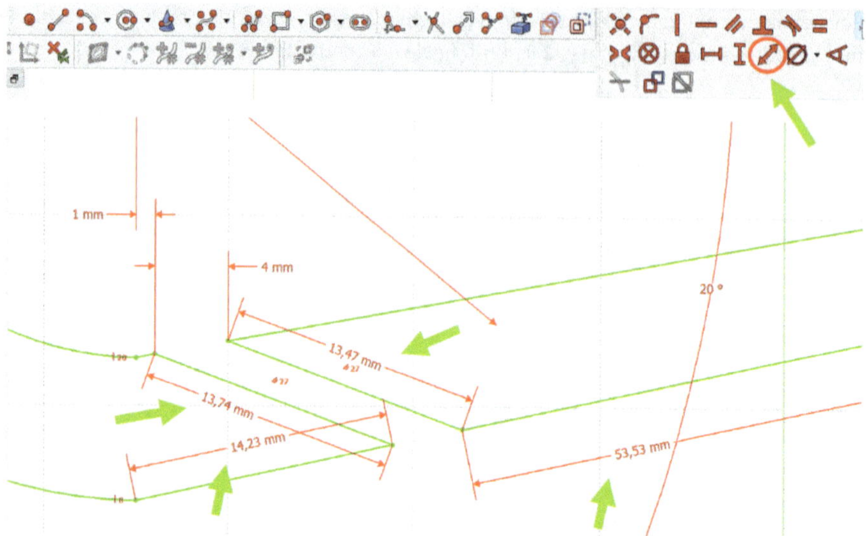

Per trasformare la superficie 2D in un corpo 3D, passiamo con il pulsante "Close" dall'area di lavoro "Sketcher" all'area di lavoro "Part Design" e utilizziamo la funzione "Pad". Inseriamo un valore di 10 mm.

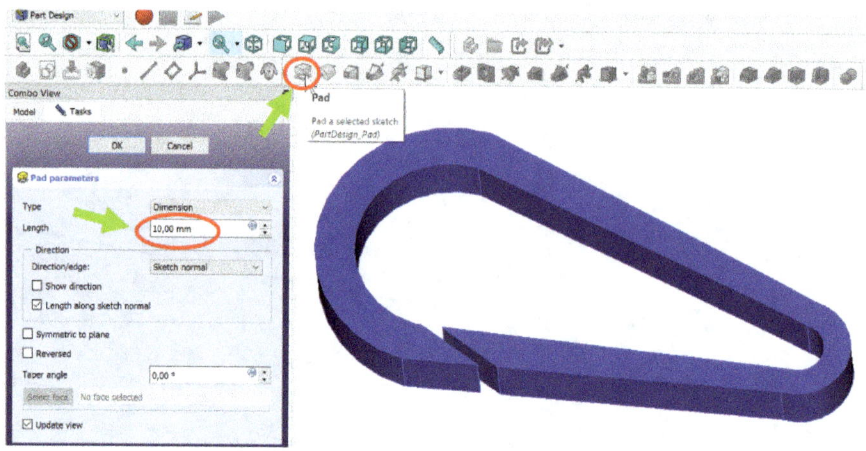

Puoi estrudere in una sola direzione, simmetricamente o indipendentemente in due direzioni. Puoi selezionarlo nell'impostazione "Type" nella vista della combinazione. Se vuoi ottenere una forma affusolata, puoi specificare un angolo nell'impostazione "Taper Angle". Tuttavia, in questo caso non ne abbiamo bisogno. Cliccando su "OK" creiamo il corpo 3D.

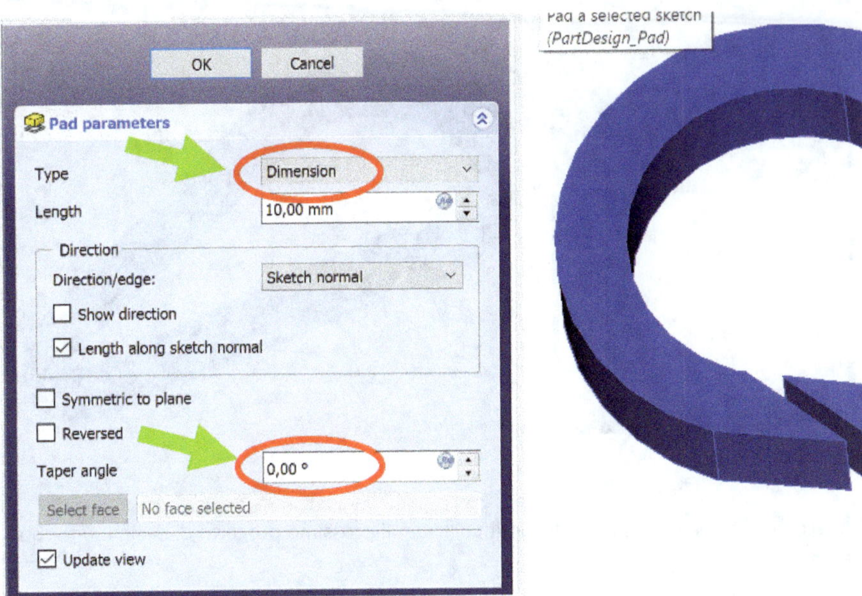

Infine, arrotondiamo alcuni bordi utilizzando il comando "Fillet". Ad esempio, utilizziamo un raggio di 20 mm per il bordo superiore posteriore.

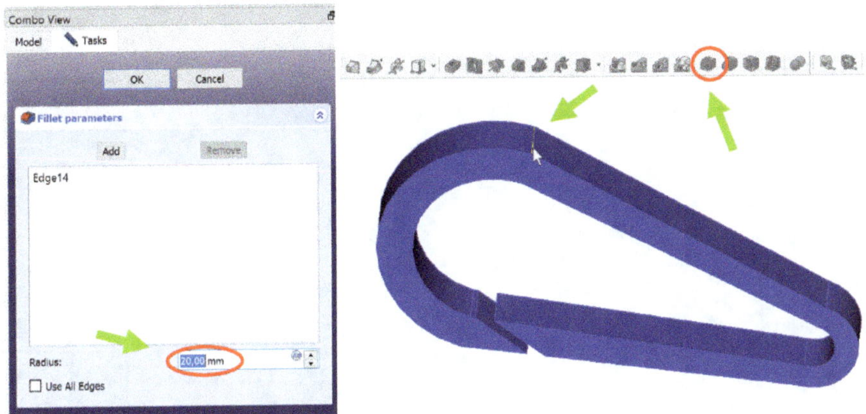

Arrotondiamo anche i bordi rimanenti di 1 mm ciascuno. Per farlo, basta selezionare la superficie superiore del moschettone, cliccare sul comando "Fillet" e poi attivare l'opzione "Use all Edges" nelle impostazioni per arrotondare tutti i bordi.

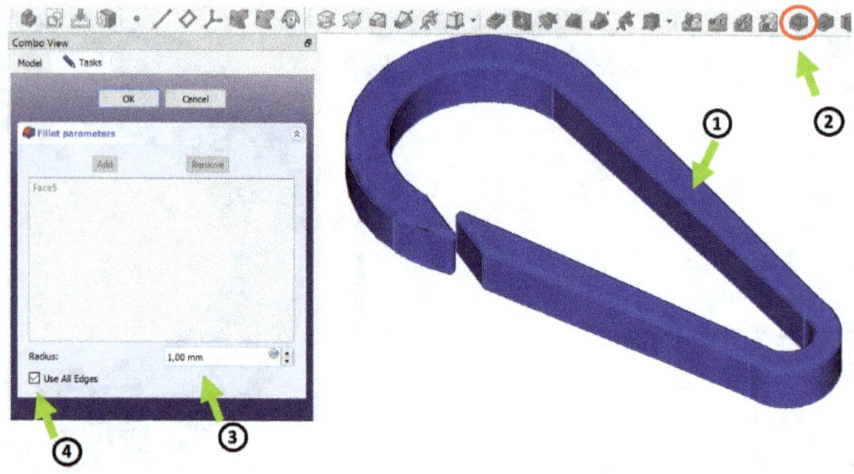

Impeccabile! Salva il file prima di continuare con il prossimo progetto di design: una ruota dentata.

4 Progetto n. 3: Ruota dentata

Il prossimo progetto che vorremmo costruire è una ruota dentata, che potrebbe far parte di una macchina più complessa, ad esempio.

Per prima cosa creiamo il corpo di base dell'ingranaggio, compreso il foro centrale che serve a contenere l'albero. Creiamo i tagli per i denti dell'ingranaggio in un secondo momento, perché, come vedremo, questo è il modo più efficiente di lavorare. Per il corpo di base facciamo uno schizzo in un nuovo documento "Part Design" sul piano x-y. Per prima cosa abbiamo bisogno di un cerchio con un diametro di 50 mm, il cui centro deve trovarsi nell'origine delle coordinate.

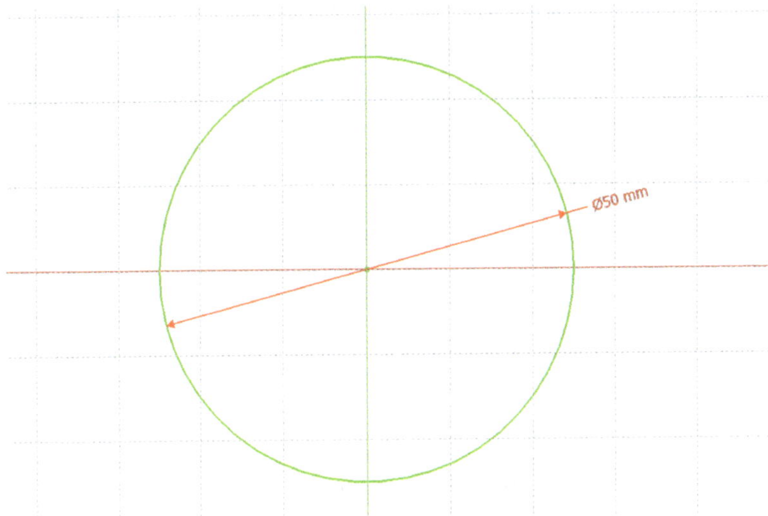

Questo cerchio forma il contorno esterno della ruota dentata.

Per la seconda parte della ruota dentata (foro o taglio), con la quale la ruota dentata potrà poi essere azionata con l'aiuto di un albero dotato di un'ogiva, abbiamo bisogno di un cerchio con un diametro di 10 mm, il cui centro deve trovarsi nell'origine delle coordinate.

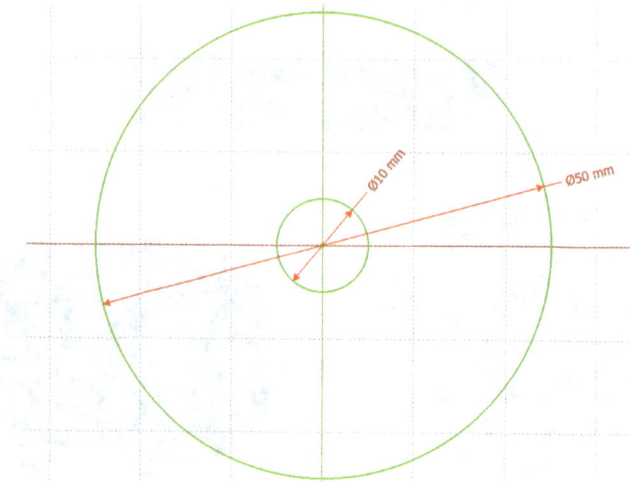

Creiamo quindi il taglio rettangolare per la punta dell'albero con l'aiuto di una linea verticale lunga 3 mm, il cui punto di partenza deve essere sul cerchio, nonché una linea orizzontale lunga 4 mm e un'altra linea verticale che completano il profilo rettangolare. Aggiungiamo anche una dimensione di 2 mm da una delle due linee laterali all'origine.

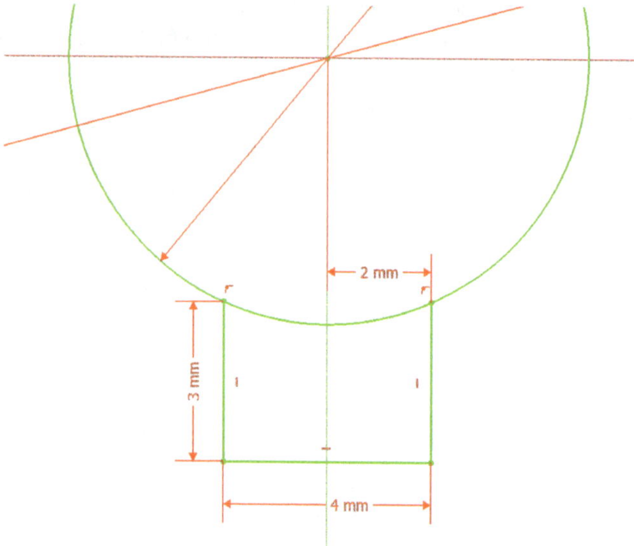

Poi rimuoviamo il segmento di cerchio superfluo con il comando "Trim edge" in modo da creare una superficie continua.

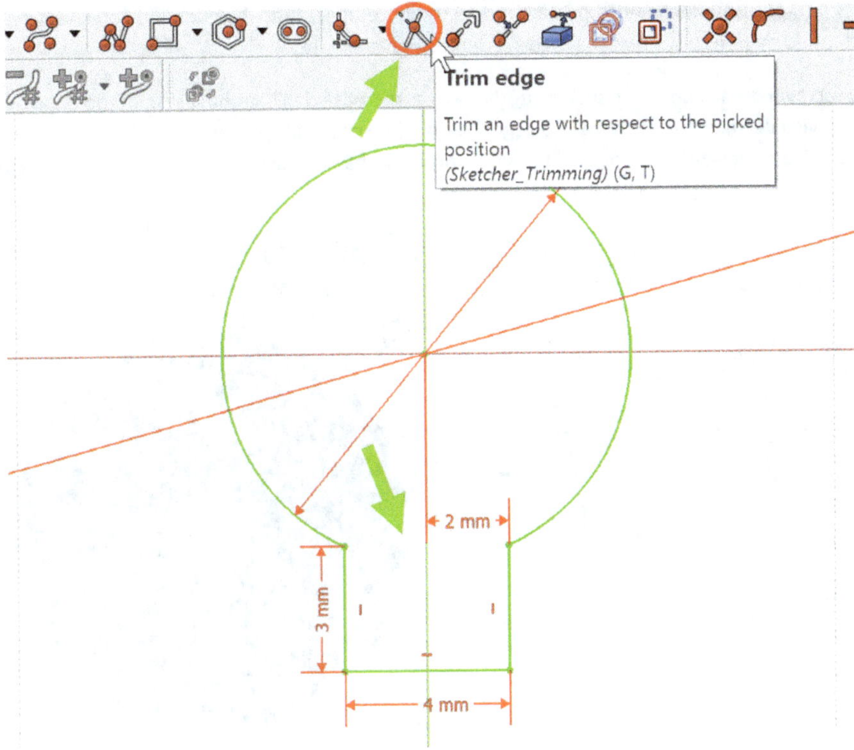

Ora il corpo base completo della ruota dentata è pronto e può essere estruso con l'aiuto della funzione "Pad". Prima di fare questo, dobbiamo ovviamente chiudere lo schizzo con il pulsante "Close".

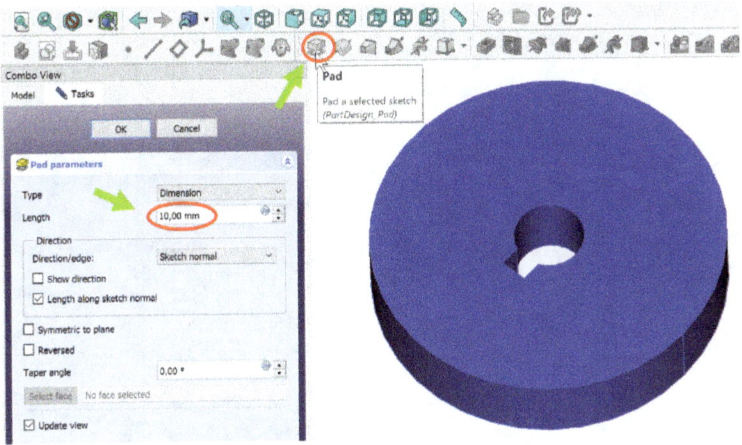

Ora ritaglieremo i denti della ruota dentata da questo corpo di base. Per farlo, disegniamo il primo dente in un nuovo schizzo sulla superficie superiore del corpo 3D appena creato. In seguito potremo facilmente duplicare questo dente utilizzando il comando "Polar Pattern" in modo da non dover disegnare tutti i denti singolarmente.

Dopo aver creato uno schizzo, nascondiamo il corpo base dell'ingranaggio in modo da avere una visuale migliore durante il disegno. Per farlo, passa alla scheda "Model" nella vista combinata, seleziona il corpo ("Body") e premi la barra spaziatrice. Ora il corpo è stato nascosto.

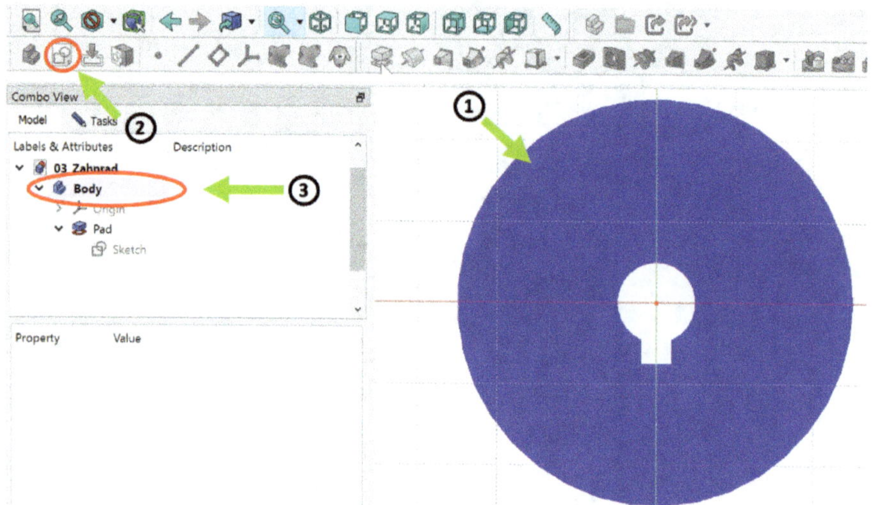

Per il contorno della ruota dentata, disegniamo un cerchio con un diametro di 50 mm anche in questo schizzo.

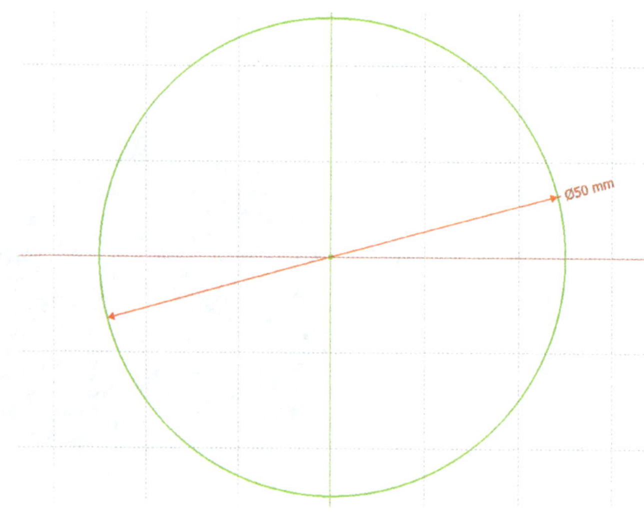

Disegniamo quindi prima solo una metà del dente, che poi semplicemente specchieremo sull'asse y. Per questo abbiamo bisogno di una linea orizzontale di 1 mm che si posiziona sull'asse y (linea verticale verde).

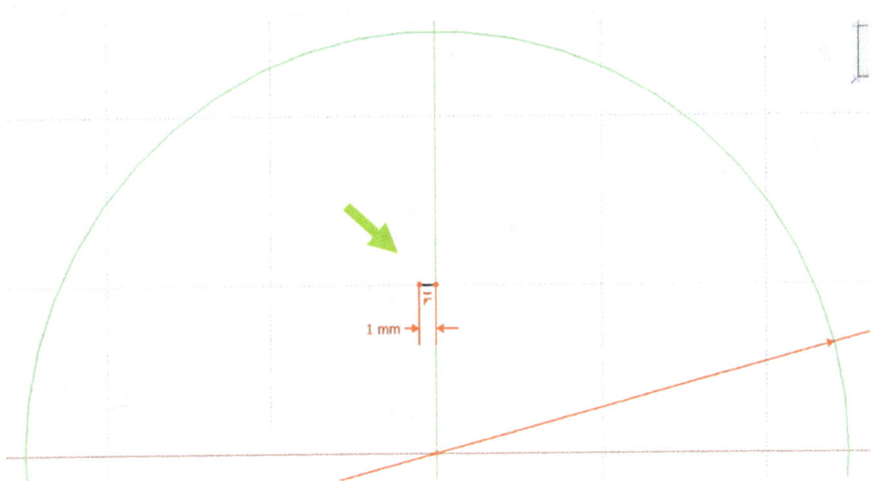

Segue una seconda linea, che allunghiamo in alto a sinistra.

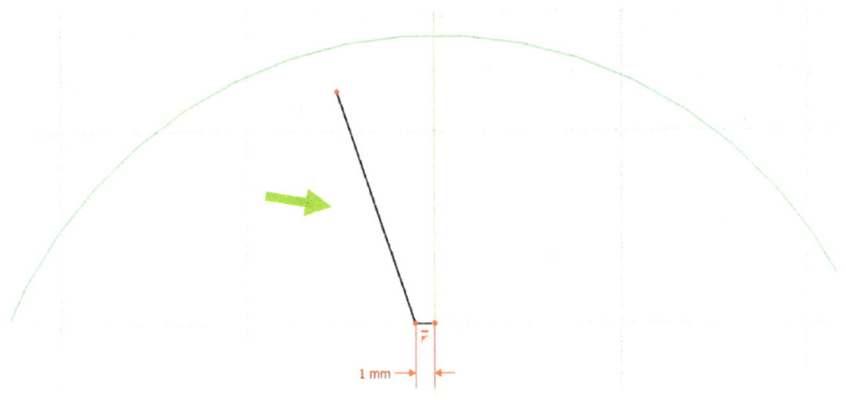

Nell'area superiore aggiungiamo quindi un arco di 3 punti ("End points and rim point"), i cui punti iniziali e finali devono trovarsi da un lato sul cerchio e dall'altro sul punto finale della linea precedentemente creata. È meglio iniziare l'arco sul cerchio.

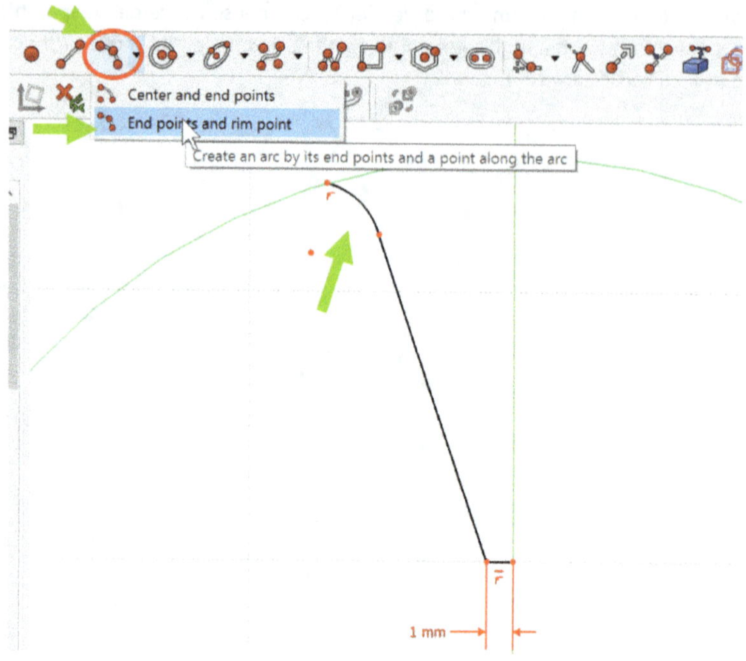

Assicurati che vengano creati i vincoli corretti. Abbiamo bisogno di un collegamento tangenziale tra l'arco di 3 punti e il cerchio e tra l'arco di 3 punti e la linea. Aggiungi questi vincoli utilizzando il comando "Constrain tangent" se mancano o se invece ne sono presenti altri. Puoi riconoscerlo dai piccoli simboli rossi. Se appare un messaggio che indica la sostituzione dei vincoli, puoi semplicemente ignorarlo e cliccare.

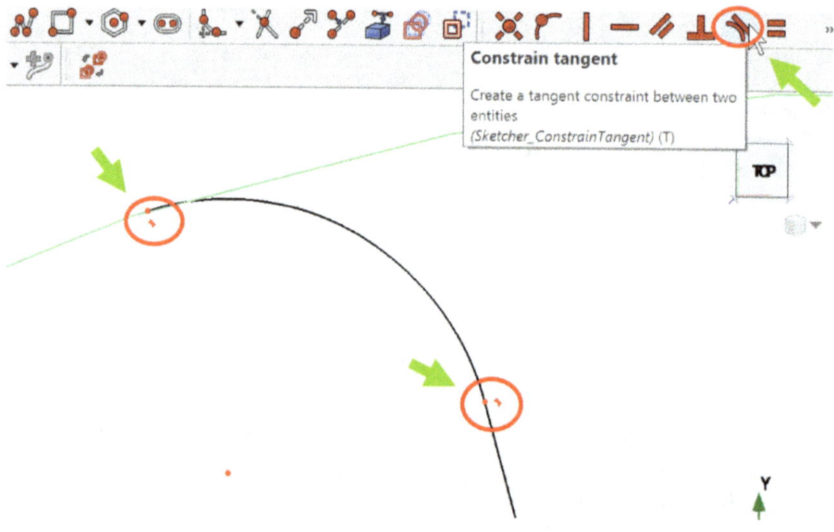

Abbiamo quindi dimensionato la distanza tra il punto d'angolo dell'arco tangente e il punto di partenza della prima linea con 3 mm (direzione verticale; "Constrain vertically").

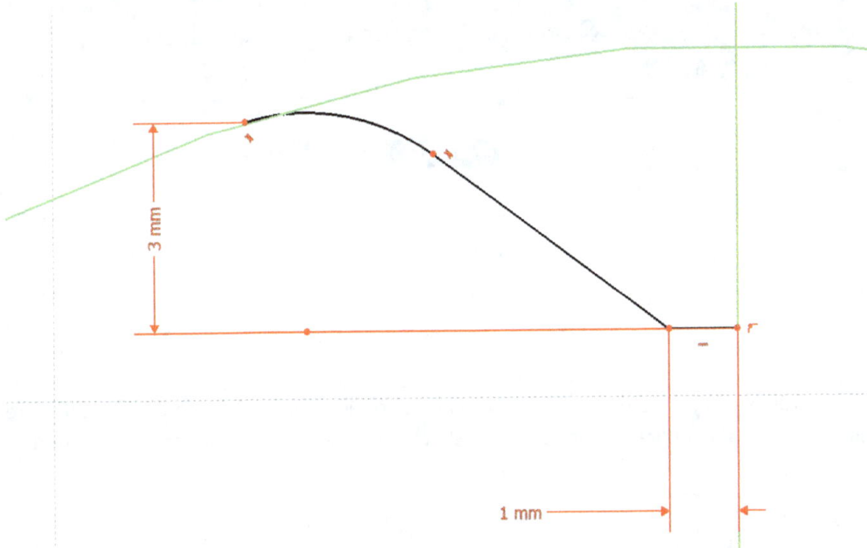

Poi abbiamo dimensionato la distanza tra il punto di partenza della prima linea tracciata e il punto d'angolo dell'arco a 3 punti con 2 mm (direzione orizzontale; "Constrain horizontally").

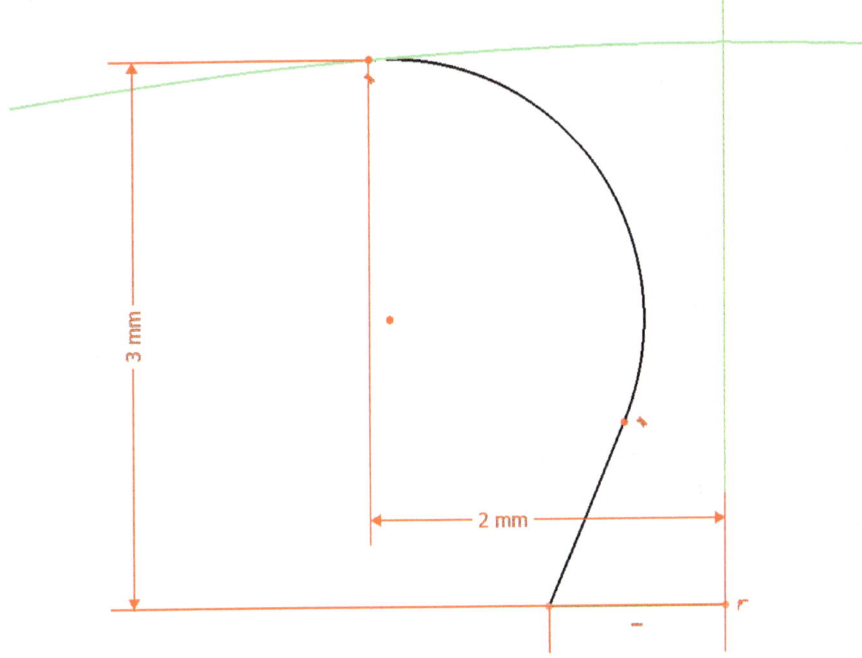

Infine, definiamo il raggio dell'arco a 3 punti come 0,5 mm utilizzando il comando "Constrain radius".

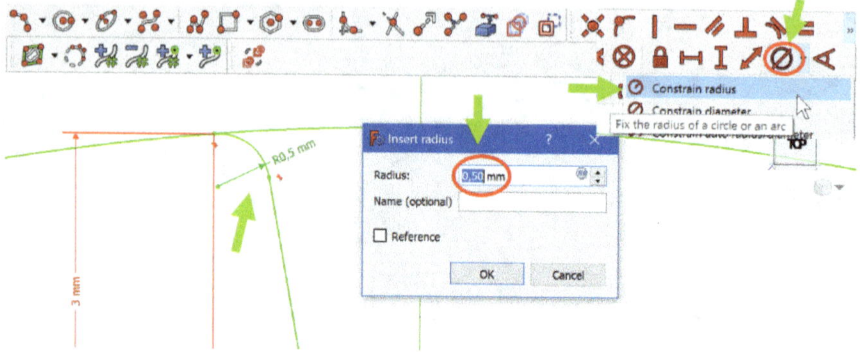

Ora il profilo può essere rispecchiato. Prima di farlo, però, arrotondiamo l'angolo inferiore sinistro del profilo utilizzando la funzione "Sketch fillet" e inserendo un raggio di 0,5 mm.

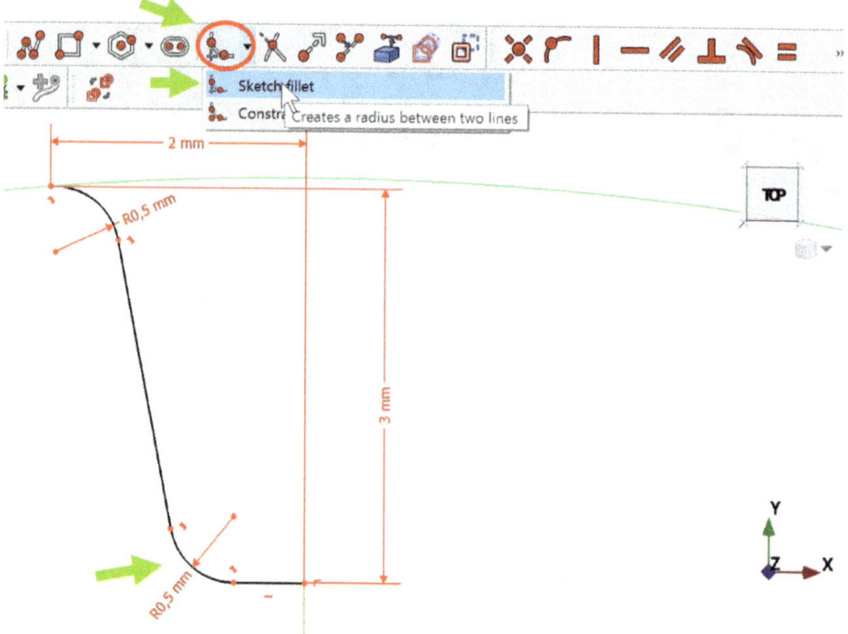

Per una definizione completa dello schizzo possiamo dimensionare la linea orizzontale più bassa con il comando "Constrain distance". Il valore della dimensione in questo caso deve essere di 0,56 mm.

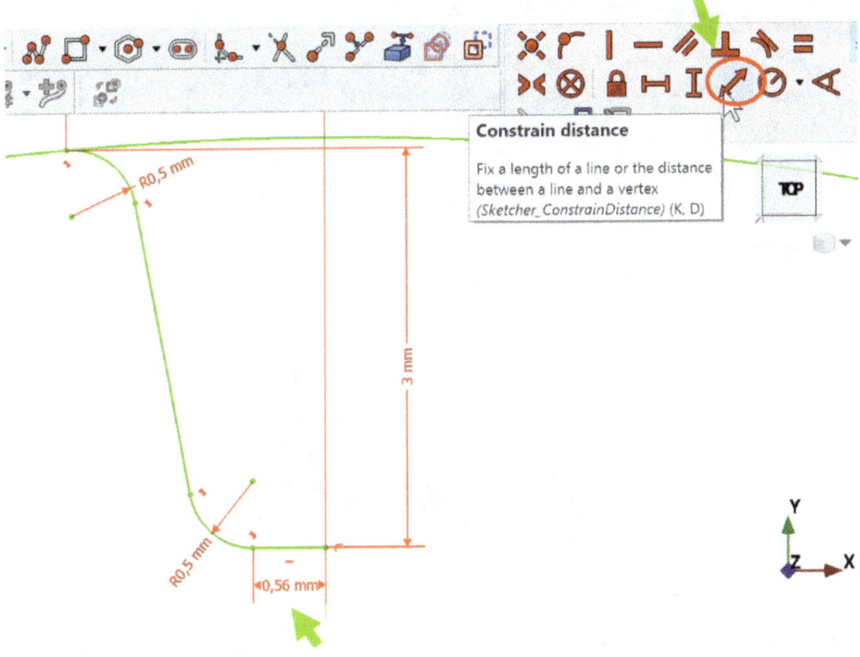

Ora vogliamo specchiare questo profilo sull'altro lato dell'asse y per ottenere la geometria del primo dente dell'ingranaggio. Per fare ciò, facciamo clic sugli elementi che vogliamo specchiare uno dopo l'altro e infine sull'asse e che deve servire da riferimento per il rispecchiamento. Poi selezioniamo il comando "Symmetry" dalla barra degli strumenti.

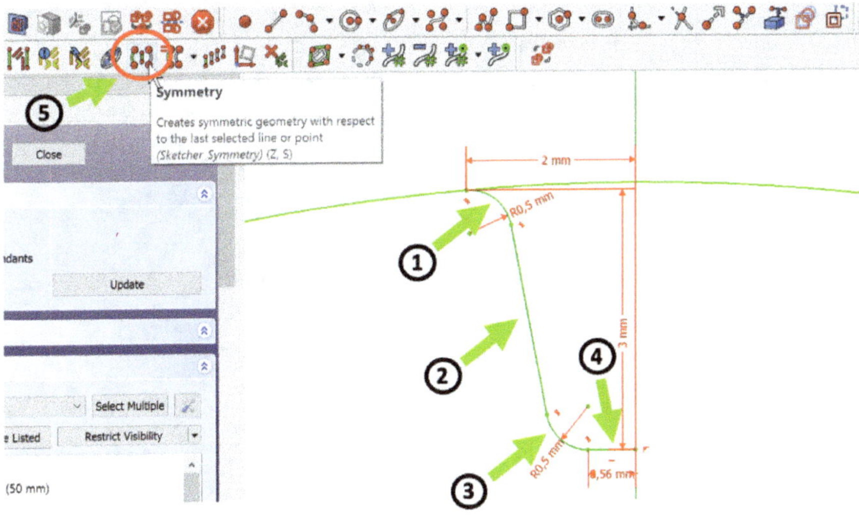

Questo ci dà la seconda metà del profilo.

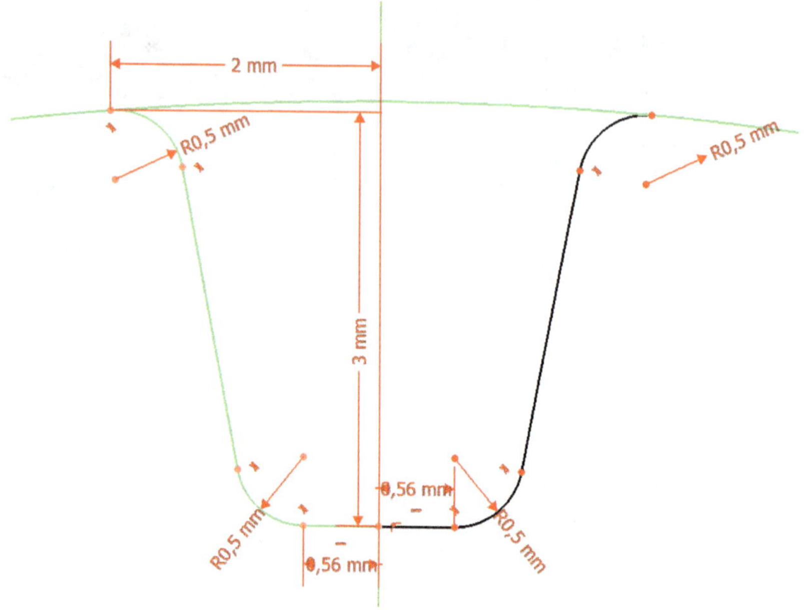

Se trasciniamo la geometria con il tasto destro del mouse premuto, notiamo che possiamo ancora spostarla liberamente. Lo si vede anche dal colore nero della geometria. Per definirlo completamente, dobbiamo aggiungere vincoli e dimensioni rilevanti. Provalo da solo. Se non riesci a trovare una soluzione, puoi seguire le istruzioni per la prima metà (qualche pagina indietro), poiché i vincoli e le dimensioni sono identici per entrambe le metà.

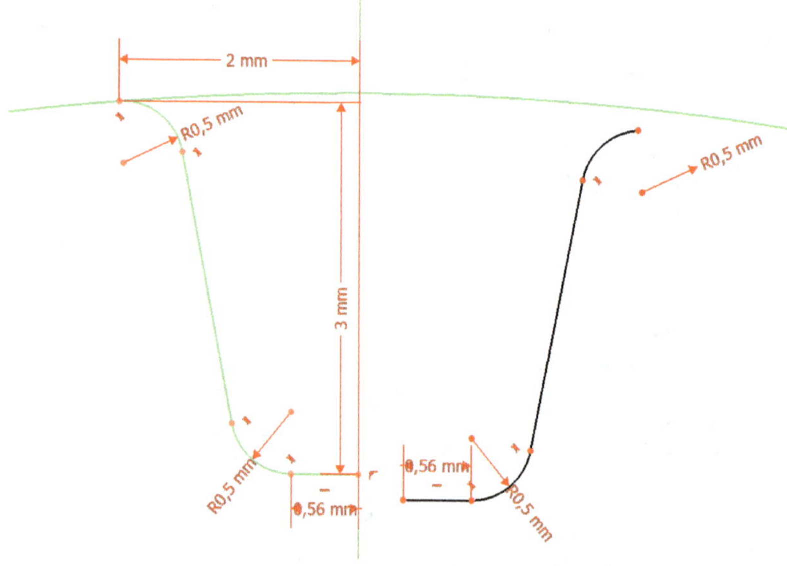

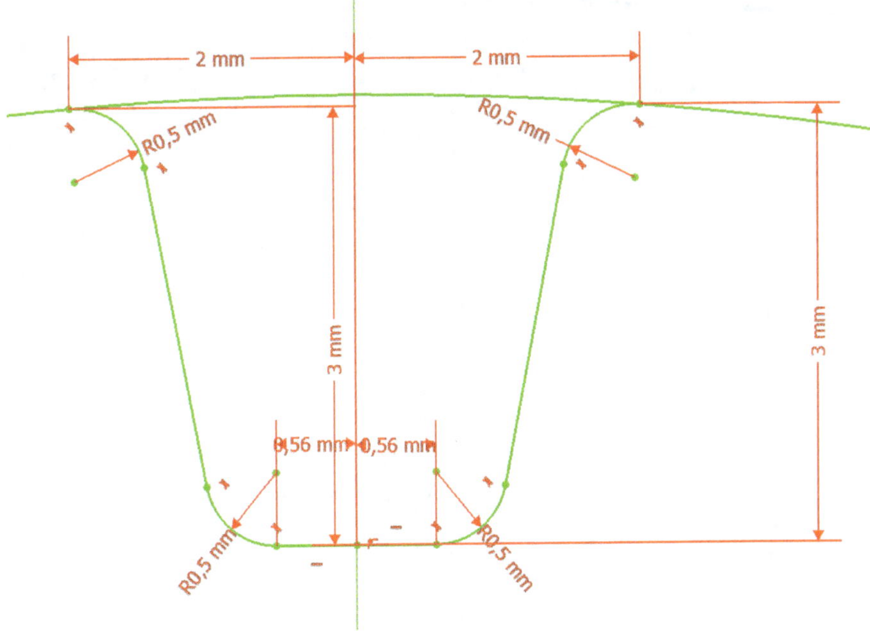

Il profilo del primo dente è pronto. Prima di chiudere lo schizzo, però, rimuoviamo il contorno esterno del cerchio di 50 mm utilizzando la funzione "Trim edge".

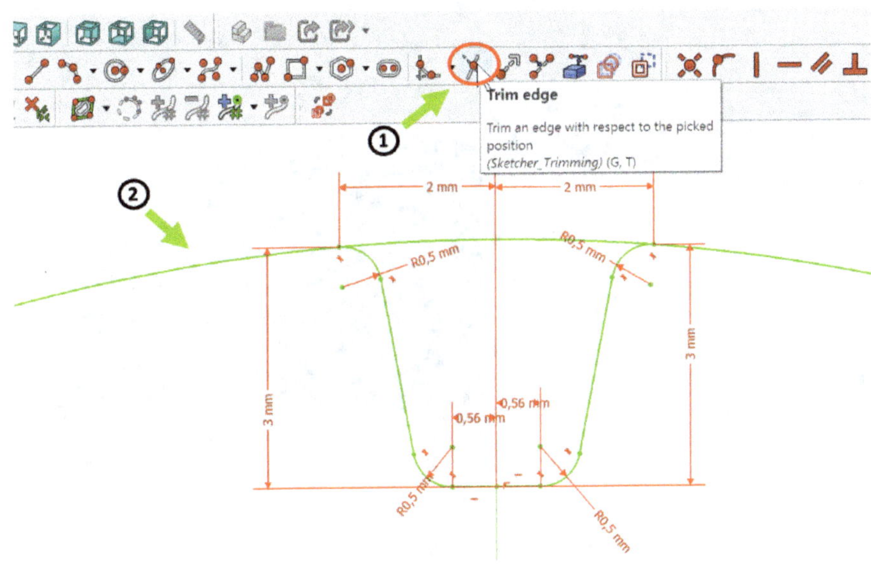

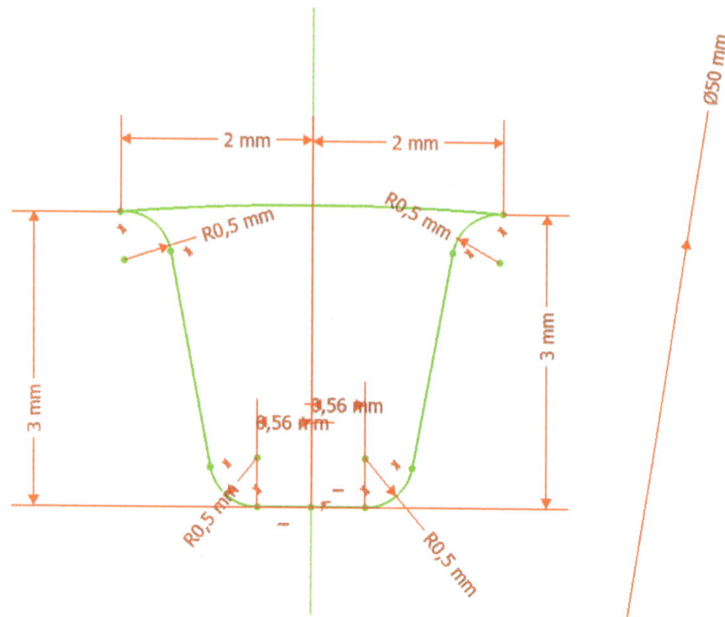

Dopo aver chiuso lo schizzo, possiamo tagliare il primo dente utilizzando la funzione "Pocket". Nell'impostazione "Type" usa l'opzione "Through all" per realizzare un taglio completo.

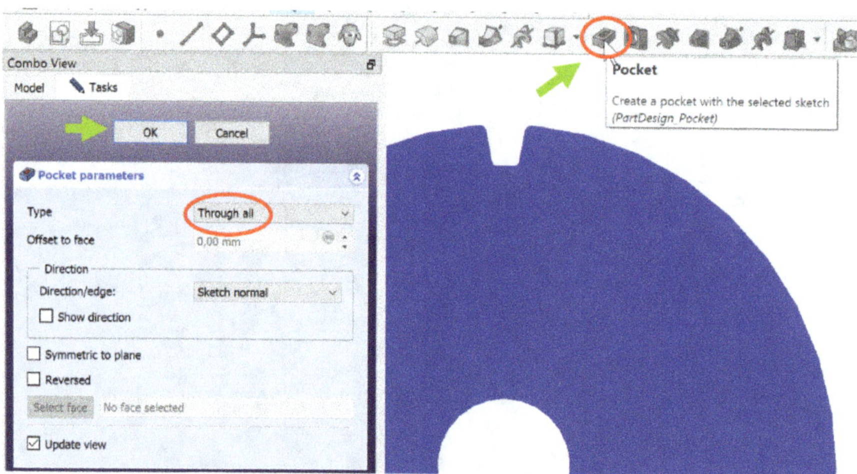

Per non dover creare tutti gli altri denti in questo modo, utilizziamo la funzione "Polar Pattern" che ci permette di creare un modello circolare. Questo significa che possiamo usarlo per copiare la sezione del primo dente in una disposizione circolare, intorno al punto centrale.

Per farlo, selezioniamo la sezione appena creata ("Pocket") nella struttura ad albero e poi clicchiamo sul comando "Polar Pattern" nella barra degli strumenti.

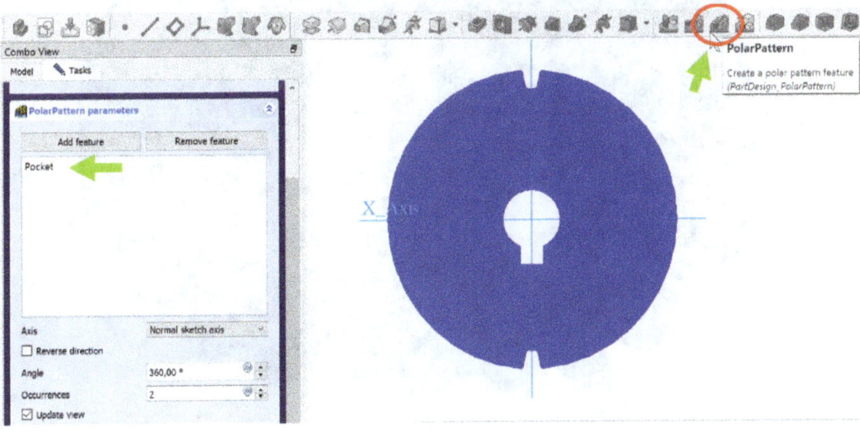

Nella sezione inferiore delle impostazioni del comando possiamo ora inserire il numero di copie desiderato. Ad esempio, abbiamo bisogno di 25 pezzi. In questo modo avremo un'anteprima di tutti i denti della ruota dentata e con un clic su "OK" potremo crearli.

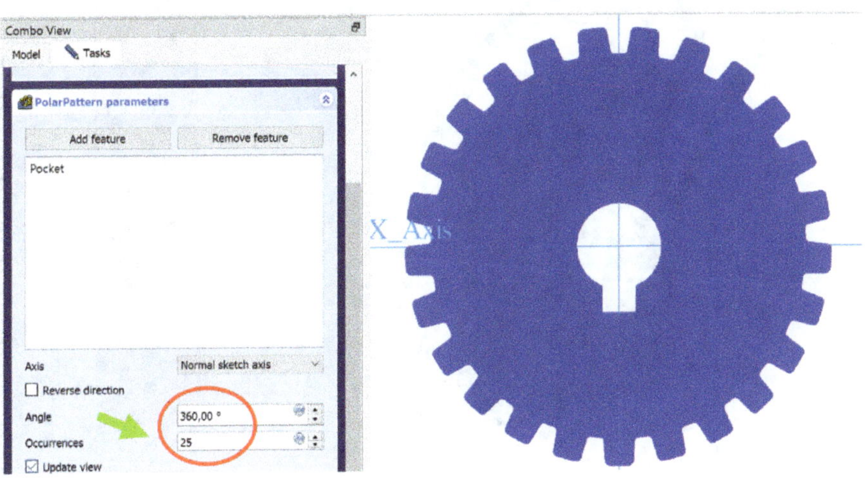

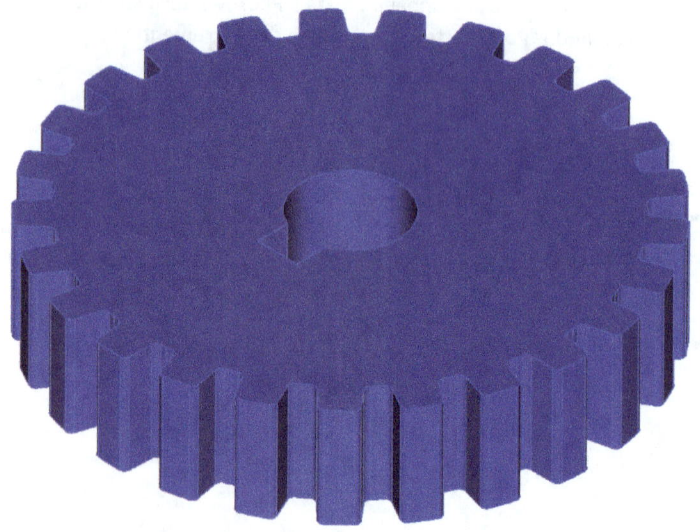

Ce l'abbiamo fatta! Dopo una breve pausa, si passa al prossimo progetto! Creeremo un vaso di fiori artistico. La prossima sezione includerà anche alcuni oggetti di uso quotidiano, come un telecomando e un annaffiatoio.

5 Progetto n. 4: Vaso di fiori

Bentornato! In questo progetto disegneremo un vaso da fiori chic che costruiremo come un semplice pezzo a rotazione.

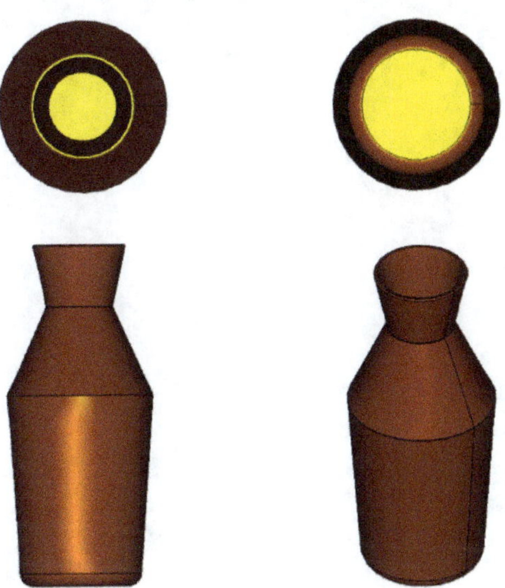

Dopo aver creato un nuovo documento "Part Design" e un corpo, iniziamo uno schizzo, ad esempio sul piano x-z e disegniamo - come per tutte le parti rotanti - metà della sezione trasversale del corpo 3D.

Iniziamo lo schizzo con una linea verticale lunga 250 mm. Impostiamo il punto di partenza della linea all'origine delle coordinate e dimensioniamo la linea utilizzando il vincolo "Constrain verticale distance" o "Constrain distance".

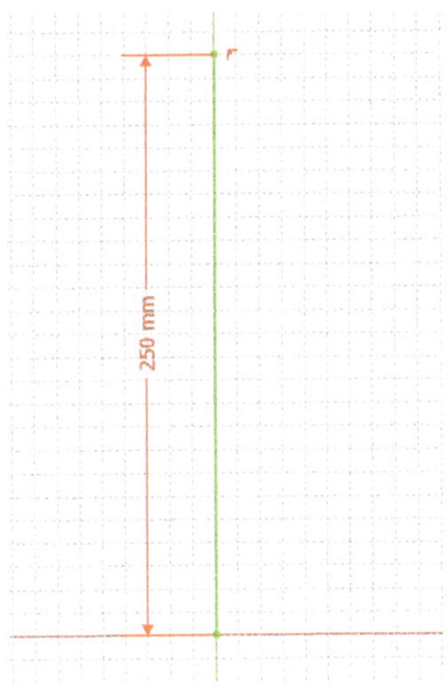

Poi disegniamo una linea di confine orizzontale superiore e una inferiore con una dimensione di 35 mm per la linea superiore e 45 mm per quella inferiore.

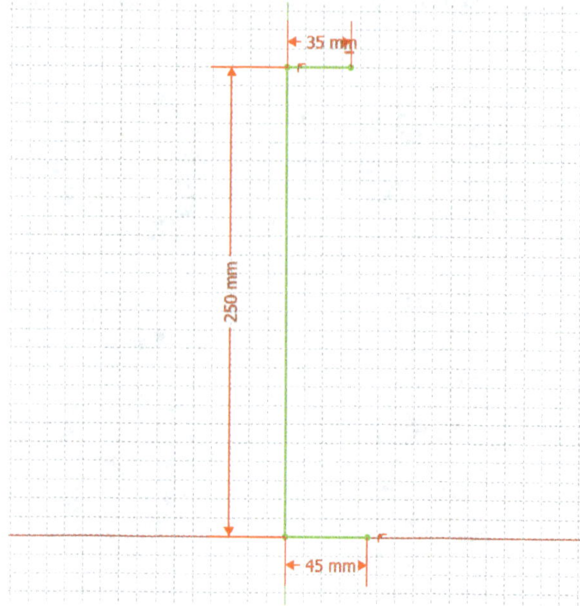

Seguono poi altre due linee orizzontali che serviranno come linee guida per disegnare il contorno esterno del vaso. Una linea deve essere lunga 25 mm e una linea deve essere lunga 55 mm.

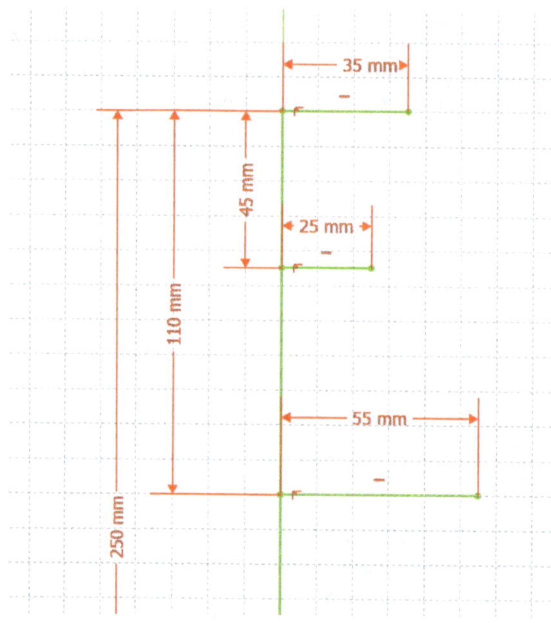

La linea da 25 mm viene posta a una distanza di 45 mm dal punto finale superiore della linea verticale e la linea da 55 mm viene posta a una distanza di 110 mm dallo stesso punto. Ora disegniamo tre linee di collegamento come mostrato per completare il contorno esterno.

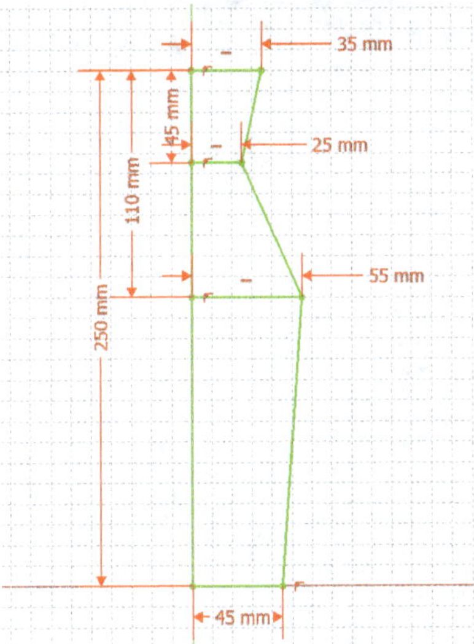

Ora dobbiamo convertire le due linee ausiliarie create in precedenza in linee di costruzione. Questo ha il vantaggio che queste linee vengono ignorate dal programma in modalità 3D ("Part Design") e si ottiene così una superficie continua che può essere ruotata. Altrimenti avremmo tre segmenti individuali. La conversione avviene in modo molto semplice selezionando una riga alla volta e cliccando sul comando "Toggle construction geometry" nella barra degli strumenti. Il colore della linea dovrebbe quindi cambiare, a seconda della selezione effettuata nelle impostazioni. In questo caso, le linee diventano blu chiaro.

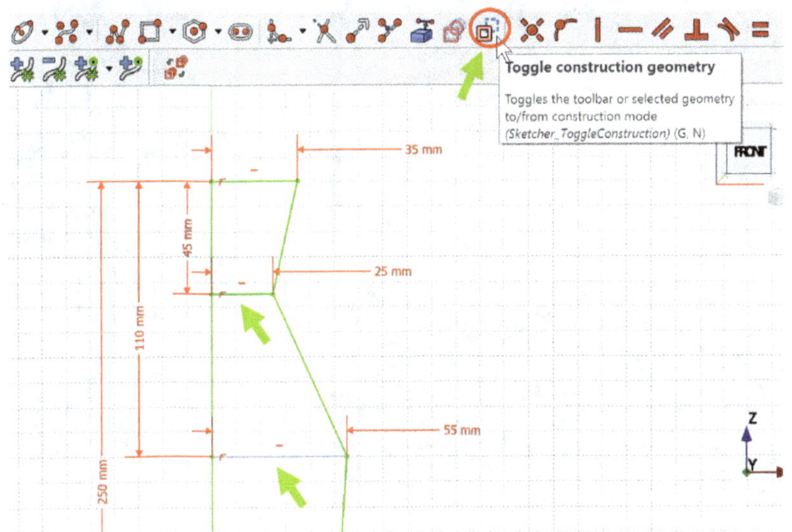

Ora possiamo chiudere lo schizzo 2D e ruotare la metà creata della sezione trasversale del vaso attorno a un asse cliccando sul comando "Revolution".

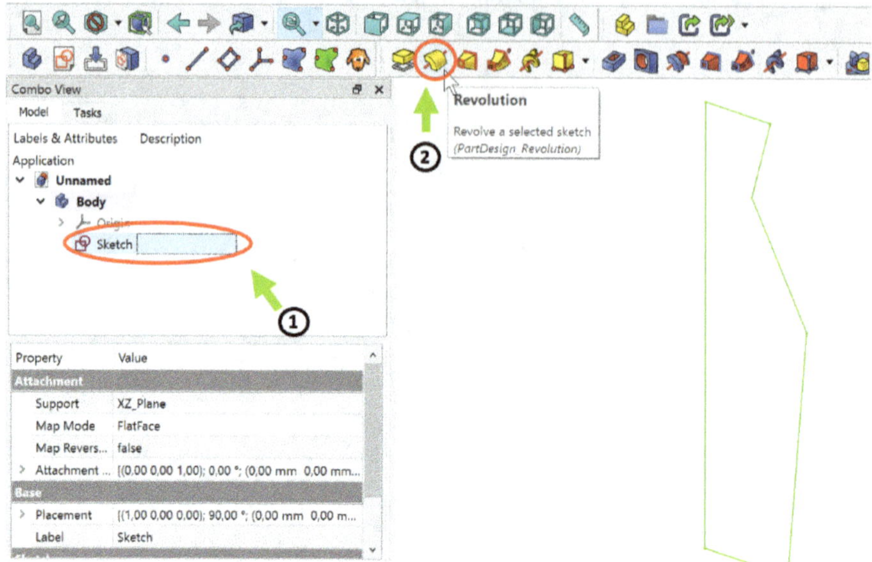

Nelle impostazioni possiamo lasciare la selezione all'opzione "Axis" e alla selezione "Vertical sketch axis". Anche l'angolo di 360° è già impostato ed è esattamente adatto al nostro modello. Cliccando su "OK" creiamo il modello.

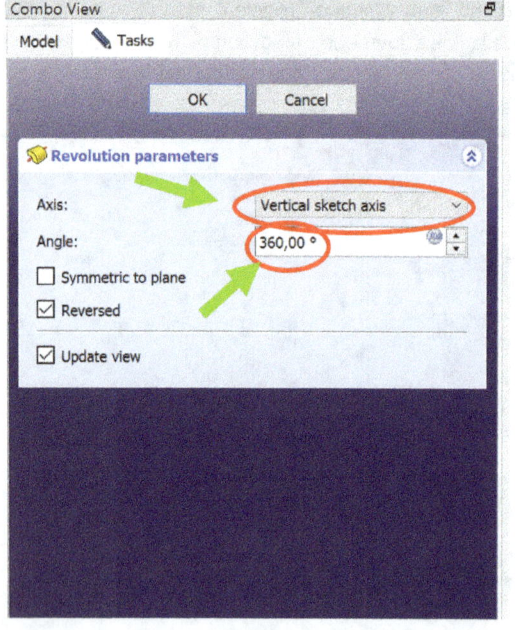

Il corpo base del vaso di fiori è ora pronto. Successivamente scaviamo il corpo cliccando sulla superficie superiore del vaso e utilizzando il comando "Thickness".

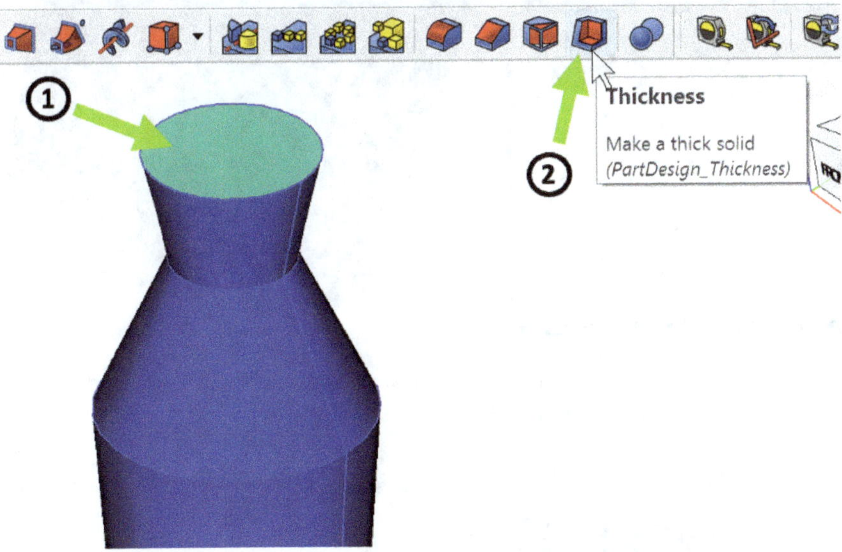

Per lo spessore della parete, possiamo scegliere un valore di 3 mm, ad esempio. È importante attivare l'opzione "Make thickness inwards" in modo che le dimensioni esterne del vaso non cambino.

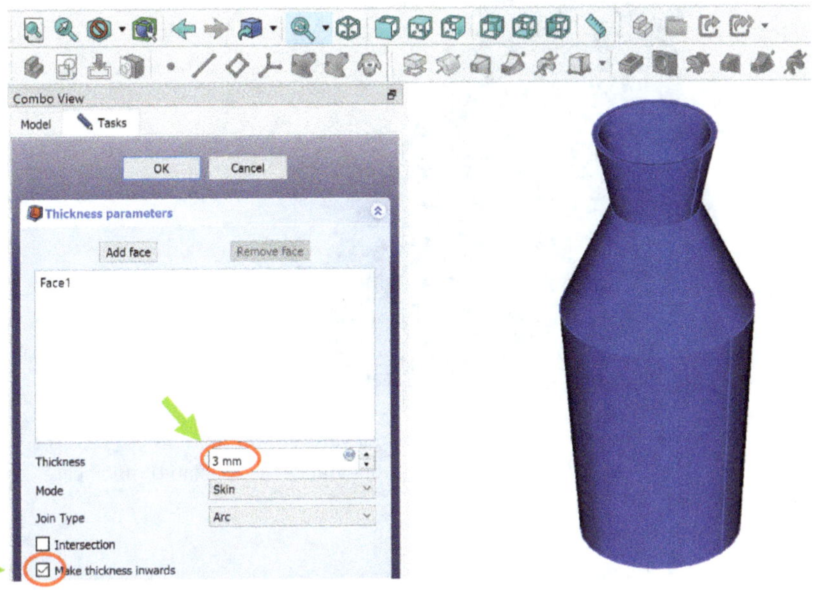

Per ammorbidire ulteriormente il design angolare, aggiungiamo un arrotondamento di 10 mm per il bordo inferiore.

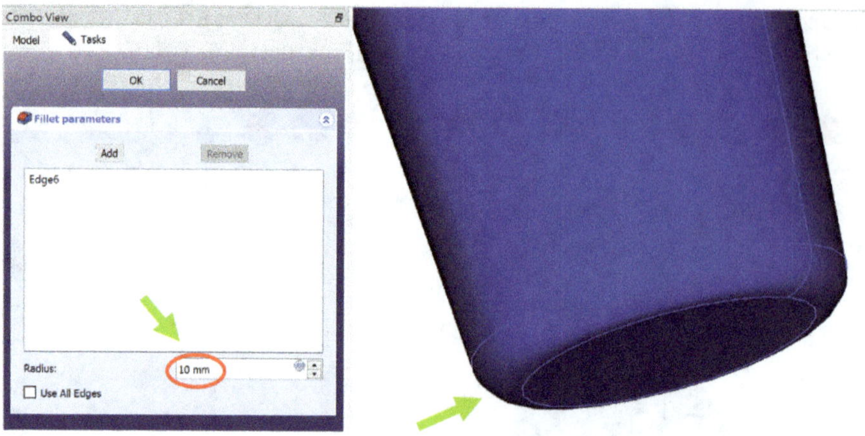

Per i tre bordi rimanenti, ad esempio, selezioniamo filetti di 1 mm. La selezione multipla è possibile tenendo premuto il tasto CTRL.

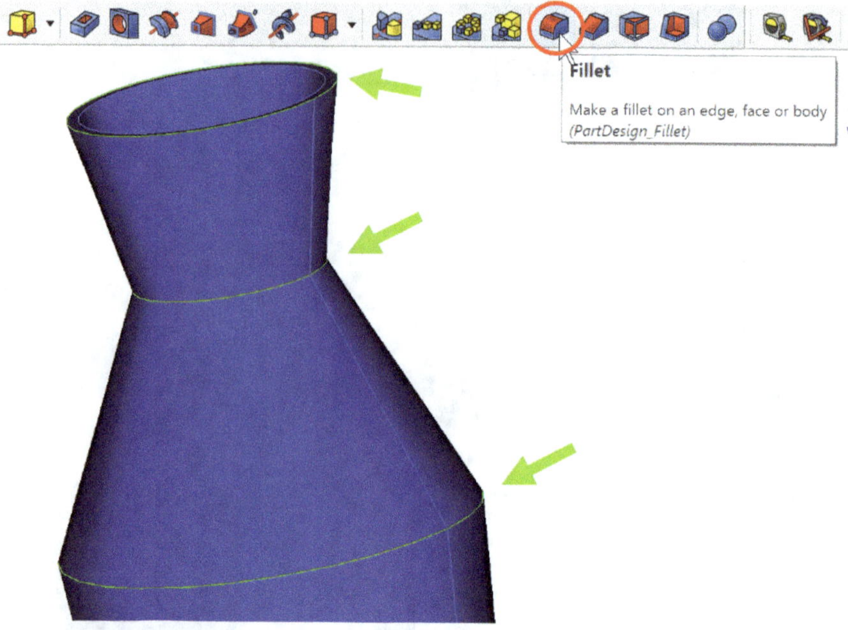

Infine, vorremmo cambiare un po' l'aspetto del vaso di fiori. Con un clic destro sul corpo nella struttura ad albero e la selezione di "Appearance ..."Possiamo modificare l'aspetto come vogliamo.

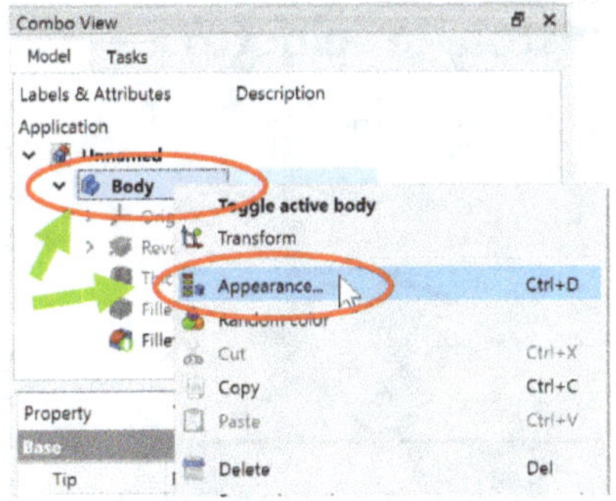 

Qui possiamo cambiare il colore del corpo da un lato, ma dall'altro possiamo anche cambiare il materiale del corpo. Se cambiamo il materiale del corpo, l'aspetto tipico del materiale scelto viene trasferito anche al modello 3D. Ad esempio, possiamo selezionare il materiale "Copper" e ottenere così un vaso color rame.

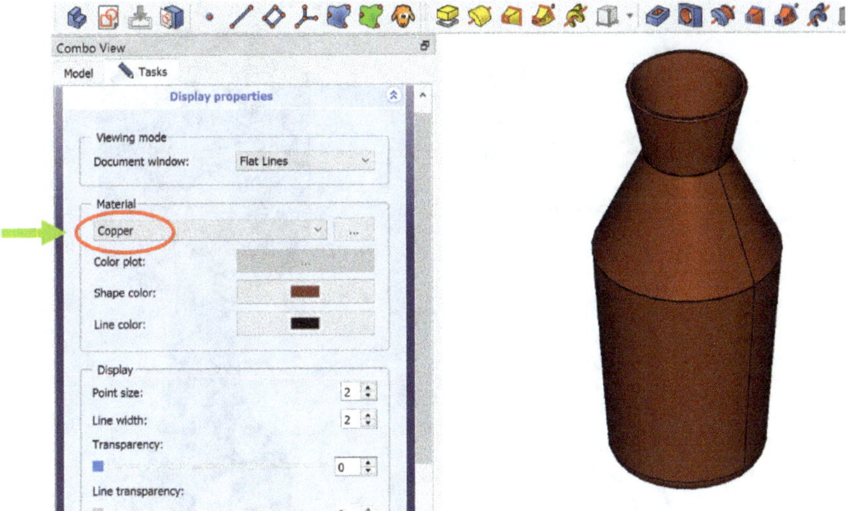

Molto bene! Nei prossimi due progetti ci dedicheremo nuovamente a costruzioni un po' più difficili. Costruiamo un set di pistoni, bielle e spinotti, oltre a una chiave. Poi lavoreremo alla costruzione di un cuscinetto a sfera, di un telecomando e di un annaffiatoio.

6 Progetto n. 5: Biella, pistone e spinotto

In questo progetto vogliamo costruire un set di pistone, biella e spinotto.

Per farlo, iniziamo con la creazione della fiaschetta. Per questo motivo iniziamo un nuovo documento nell'area di lavoro "Part Design" e creiamo un corpo ("Create Body"). Per la forma di base del pistone abbiamo bisogno di un corpo cilindrico. Lo creiamo estrudendo uno schizzo disegnato sul piano x-y. In questo schizzo, disegniamo un cerchio con un diametro di 85 mm e possiamo chiudere lo schizzo in seguito.

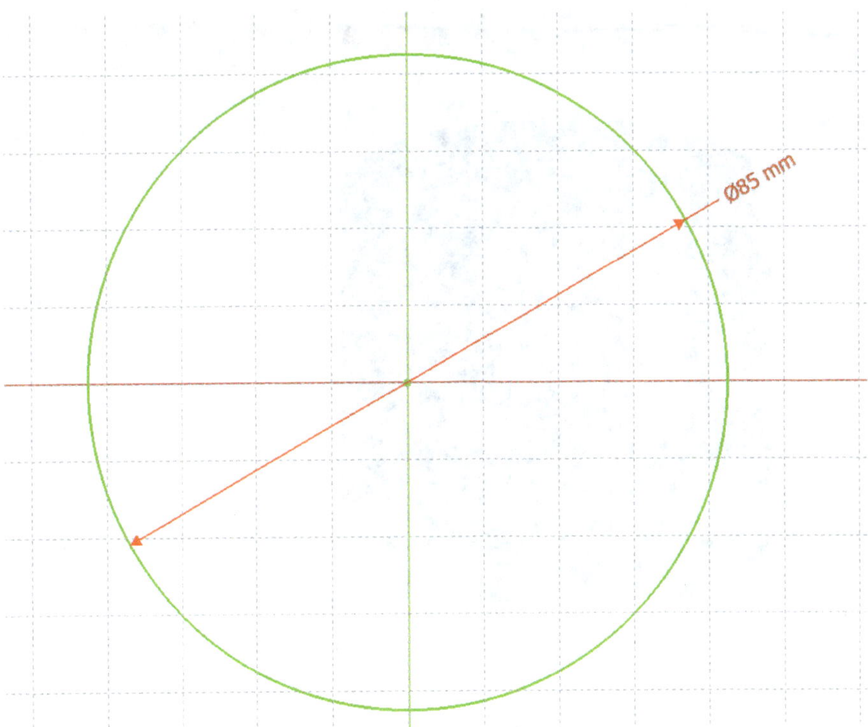

Ora dobbiamo estrudere l'area circolare di 70 mm utilizzando il comando "Pad".

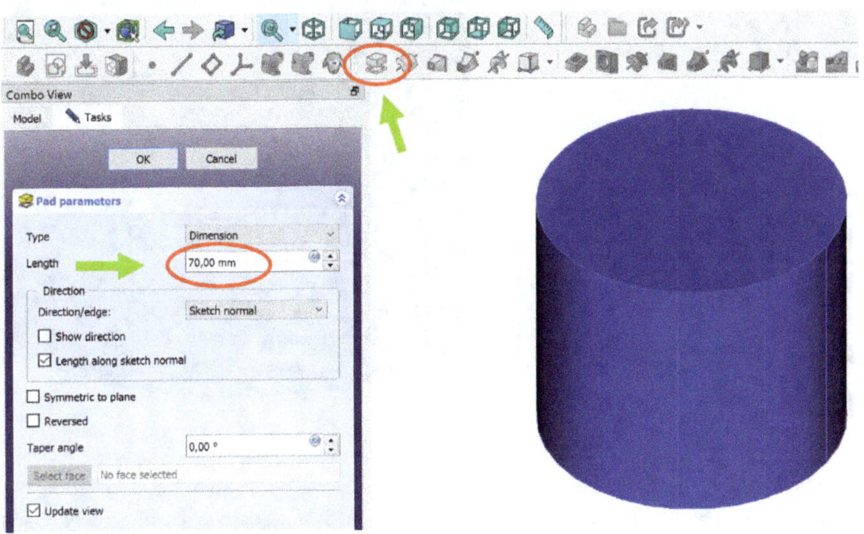

Nella fase successiva scaviamo il pallone selezionando la superficie inferiore del modello e cliccando sul pulsante "Thickness" nella barra degli strumenti.

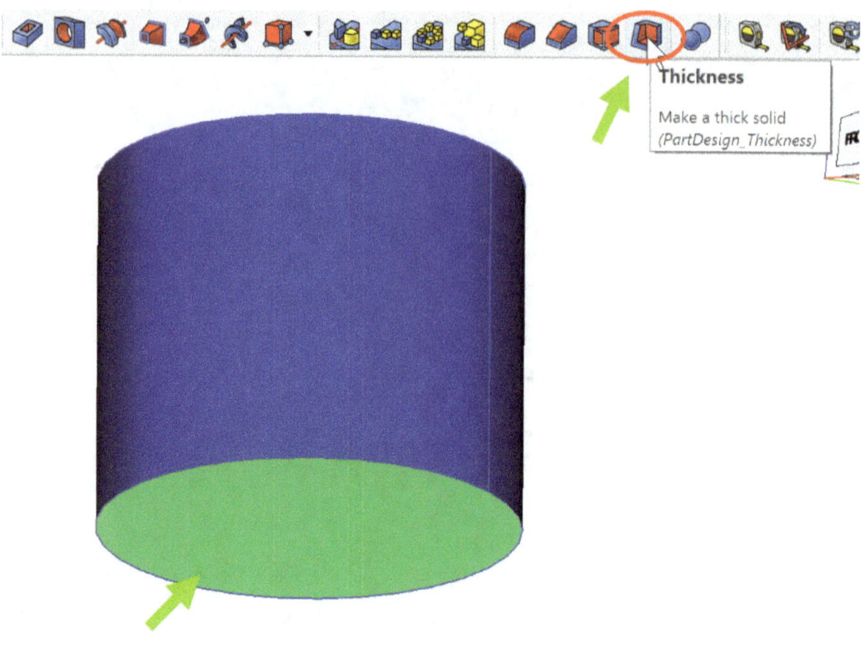

Assegniamo uno spessore della parete di 5 mm ("Make thickness inwards" attivare).

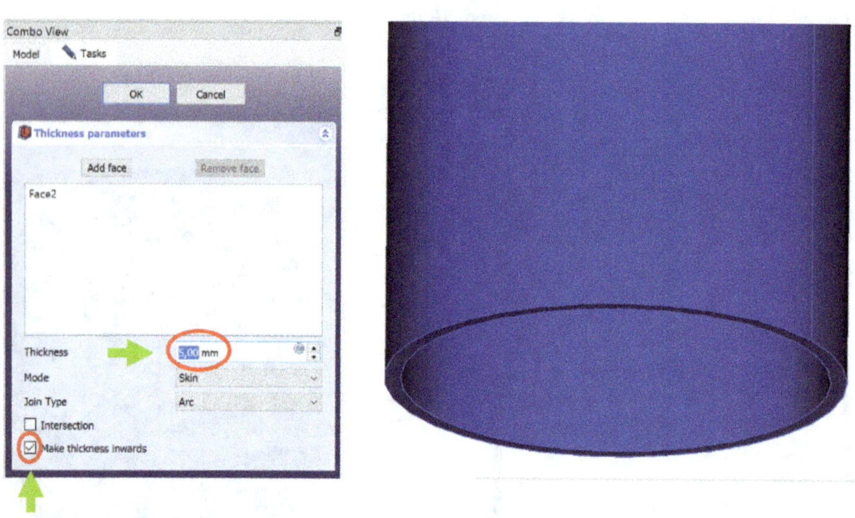

Poi iniziamo uno schizzo sul piano x-z per fare un'incisione per lo spinotto del pistone, che in seguito collegherà il pistone alla biella. Dopo aver nascosto il corpo con la barra spaziatrice, disegniamo un cerchio di 30 mm di diametro sull'asse verticale verde. Poi dimensioniamo il cerchio con una distanza di 30 mm dall'origine delle coordinate.

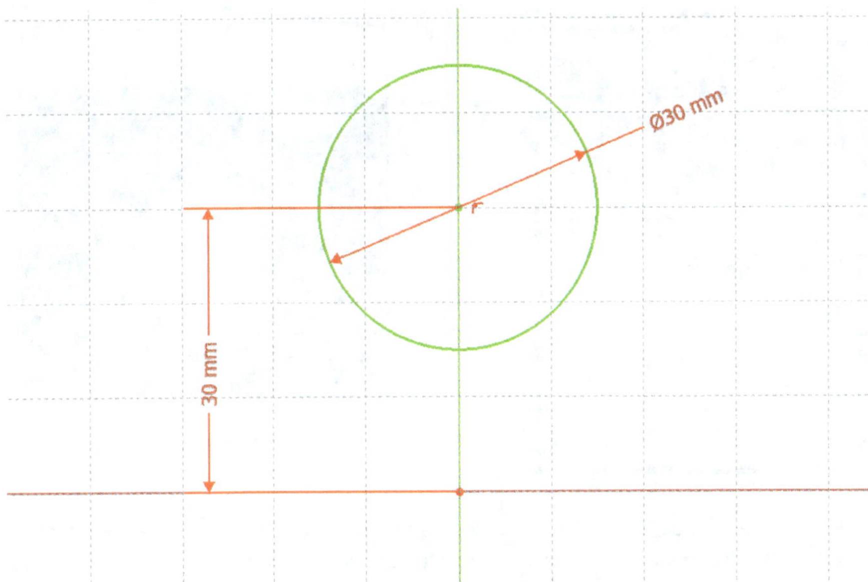

Poi possiamo chiudere lo schizzo e mostrare di nuovo il corpo. Quindi selezioniamo lo schizzo appena creato nell'albero delle strutture e clicchiamo sul comando "Pocket" per creare una sezione che attraversi l'intera parte.

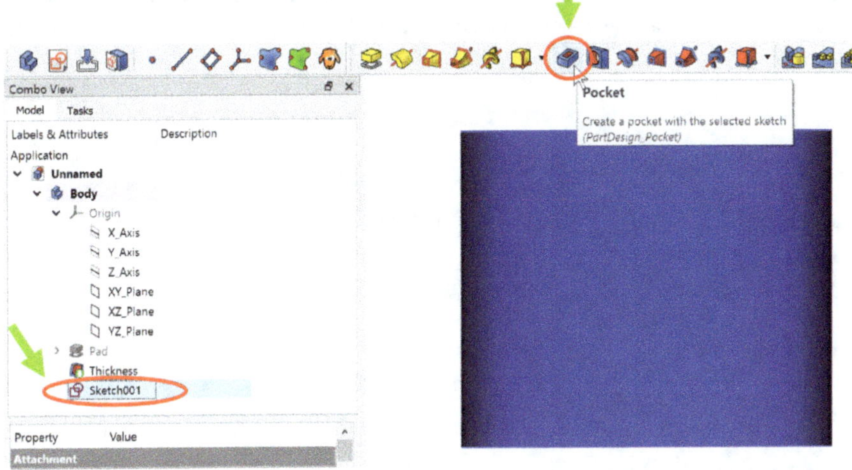

Affinché questo taglio attraversi l'intero pezzo in entrambe le direzioni, selezioniamo l'opzione "Two dimensions" nell'impostazione "Type" e inseriamo 50 mm ciascuno nelle opzioni "Length" e "2nd length".

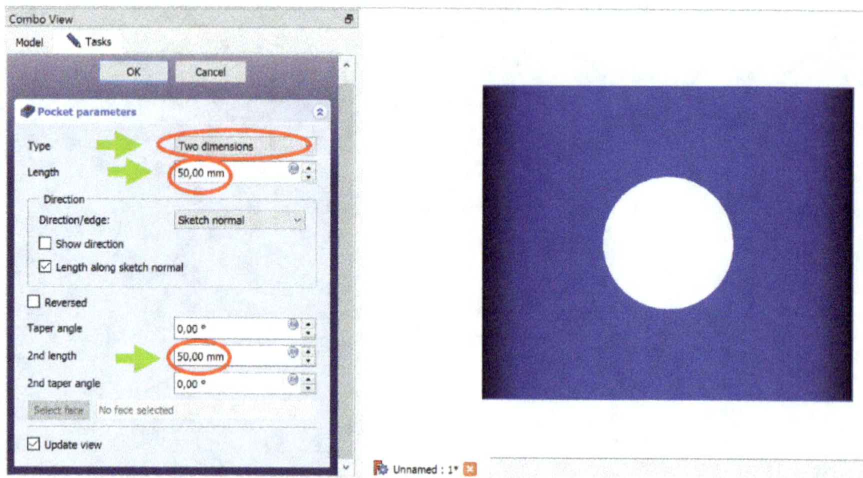

Poi aggiungiamo due scanalature che serviranno per montare due fasce elastiche. Lo facciamo con il comando "Groove". Per questo comando abbiamo bisogno di uno schizzo con un profilo da ruotare intorno a un asse per rimuovere il materiale. Creiamo lo schizzo sul piano x-z. Nascondiamo nuovamente il corpo con la barra spaziatrice per avere una migliore visione d'insieme.

Creiamo due rettangoli identici di 2 mm x 3 mm con una distanza di 5 mm tra loro. I rettangoli devono essere allineati, quindi impostiamo un vincolo tra due punti d'angolo dei rettangoli con il comando "Constrain vertically".

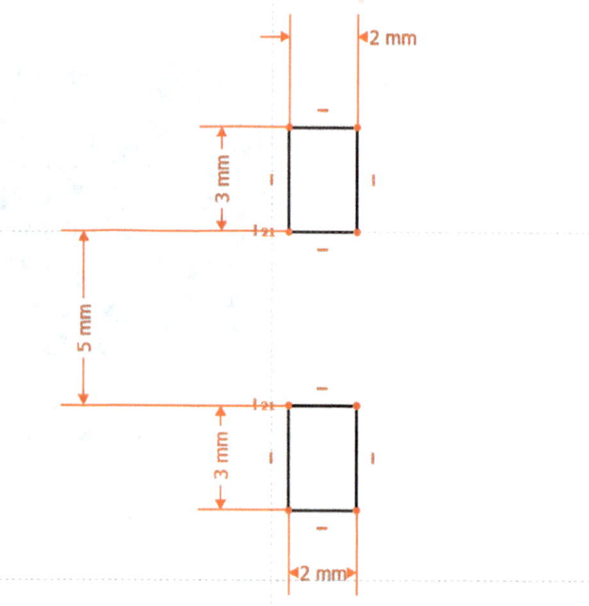

Quindi dimensioniamo l'angolo inferiore sinistro del rettangolo inferiore con 40,5 mm (orizzontale) o 52 mm (verticale) rispetto all'origine delle coordinate.

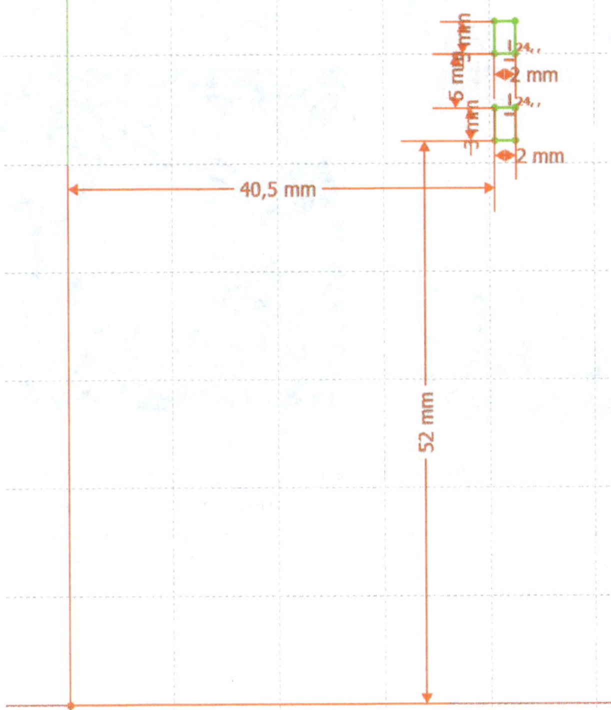

Ora possiamo chiudere lo schizzo e mostrare nuovamente il corpo. Quindi assicurati che lo schizzo sia selezionato nella struttura ad albero e clicca sul comando "Groove".

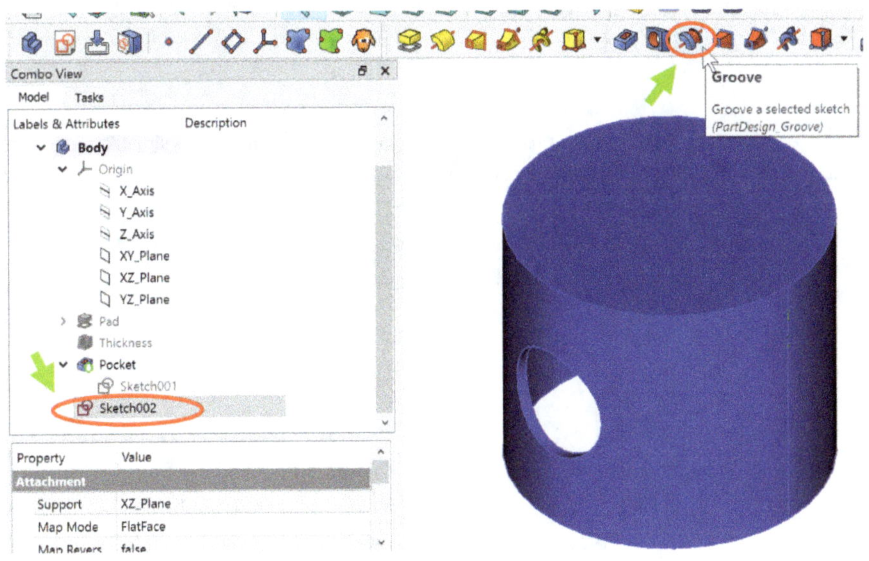

Il programma taglia il profilo abbozzato dal corpo con un movimento rotatorio intorno all'asse z, ottenendo così le scanalature rettangolari desiderate.

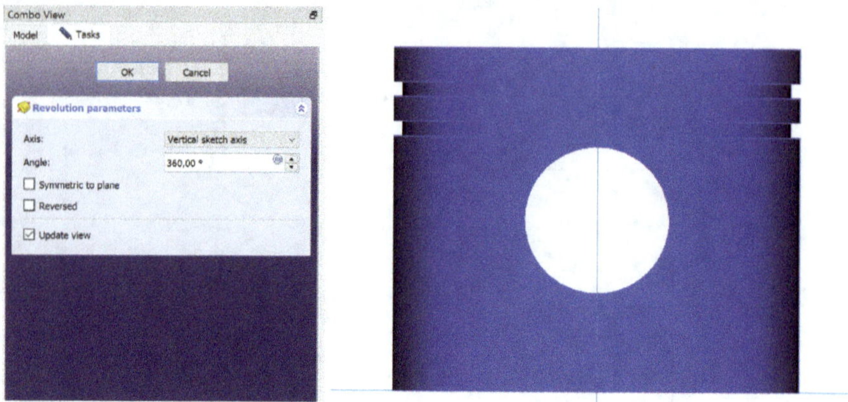

Come ulteriore dettaglio, aggiungiamo anche un avvallamento nell'area superiore del pistone, che normalmente garantisce una distribuzione ottimale della miscela e della pressione. Per farlo, creiamo un nuovo schizzo sul piano x-z e disegniamo il seguente profilo triangolare. Un punto del triangolo deve essere collegato all'asse verticale verde.

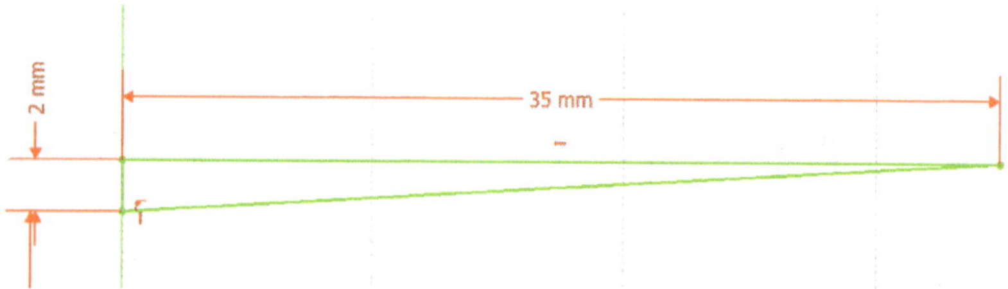

Abbiamo dimensionato questo profilo - partendo dall'angolo inferiore sinistro - con una distanza di 68 mm dall'origine delle coordinate.

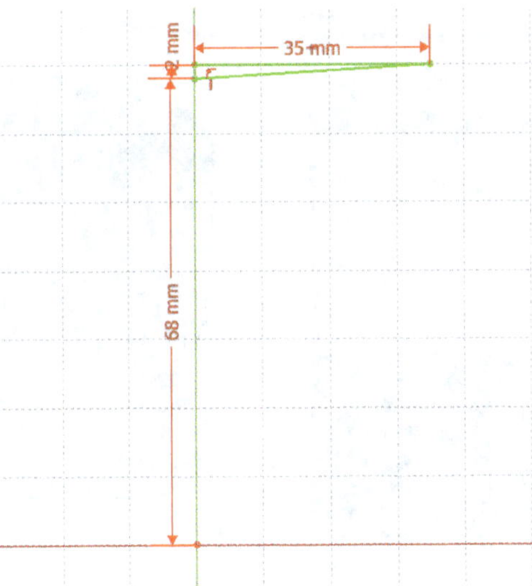

Poi possiamo chiudere lo schizzo.

Dopo aver sfumato il corpo e selezionato il profilo abbozzato, utilizziamo nuovamente il comando "Groove" che crea il solco desiderato.

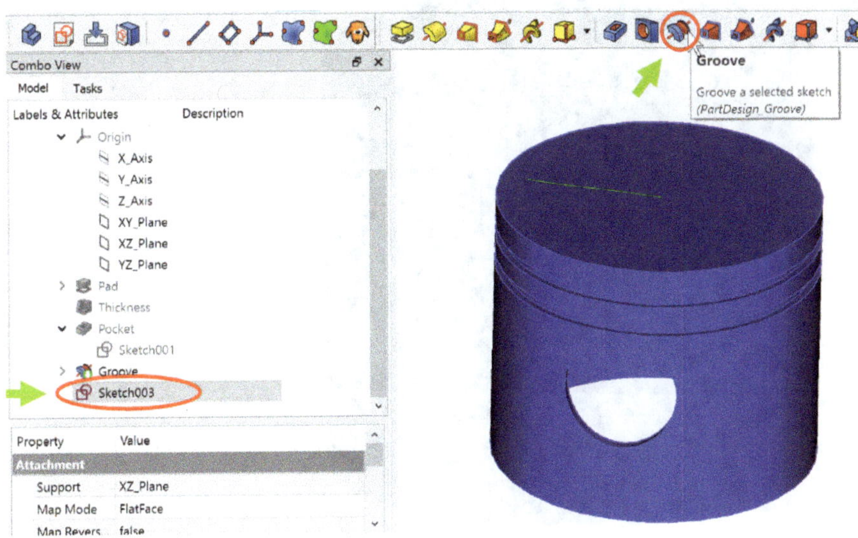

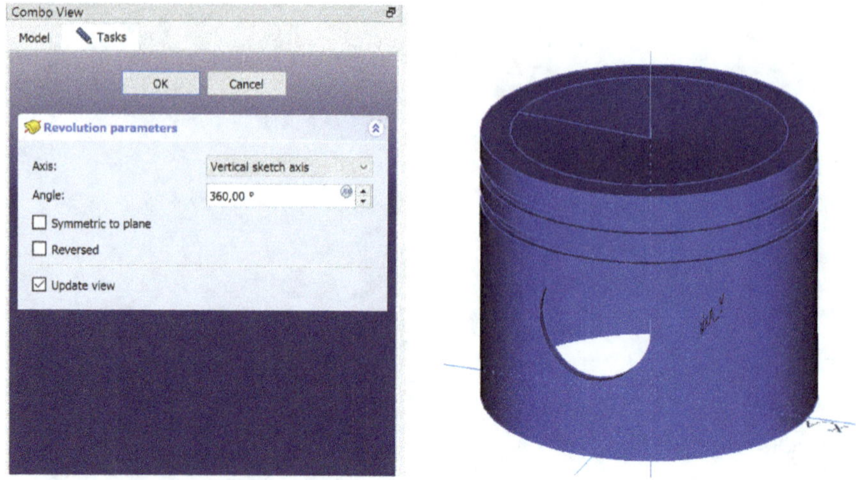

Nel penultimo passaggio, arrotondiamo i bordi superiore e inferiore del pistone di 1 mm ciascuno.

Infine, creiamo due tagli in corrispondenza delle aperture per il perno del pistone.
Per farlo, creiamo prima un piano parallelo al piano x-z con una distanza di 42,5 mm. Lo facciamo con il comando "Create a datum plane".

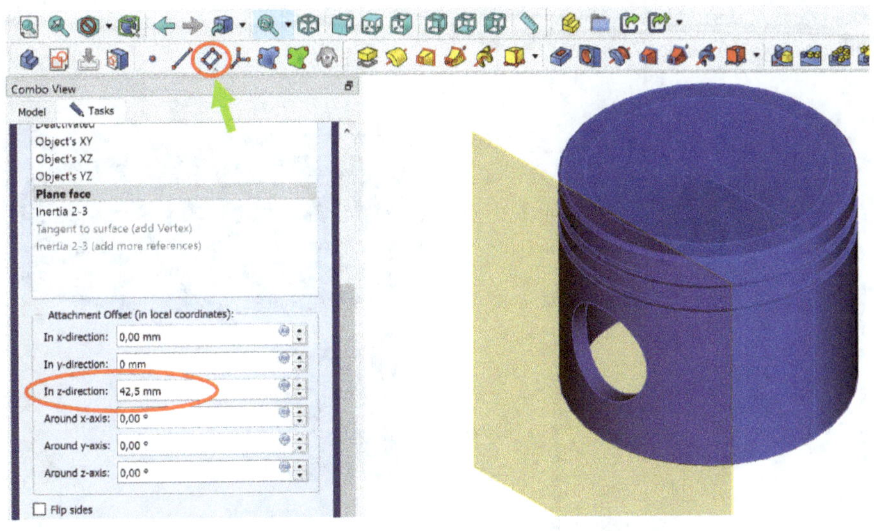

Su questo livello creiamo un nuovo schizzo in cui disegniamo un rettangolo largo 45 mm e lungo 30 mm il cui punto centrale ("Create a centered rectangle" uso) si trova sull'asse verticale verde. Dimensioniamo la distanza dal centro del rettangolo all'origine delle coordinate come 30 mm.

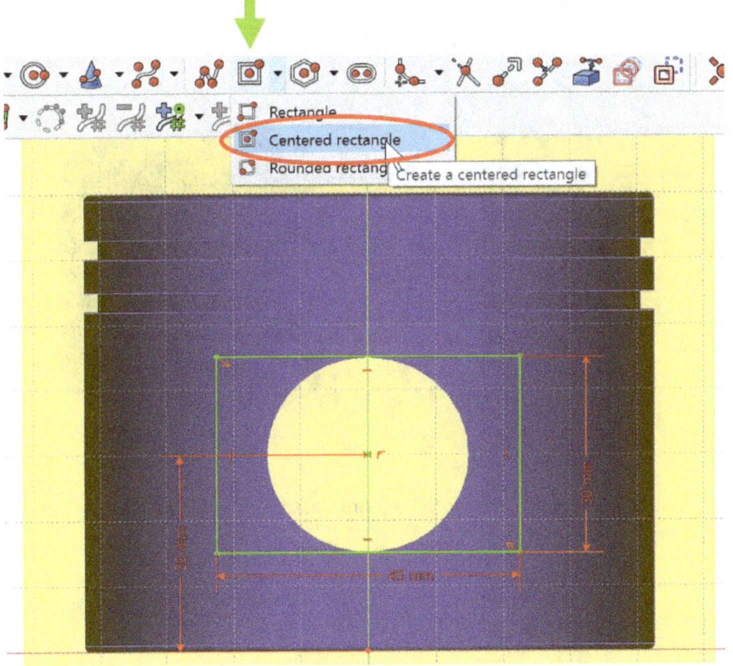

Utilizzando questo schizzo, possiamo poi creare un ritaglio con una dimensione di 3 mm utilizzando il comando "Pocket".

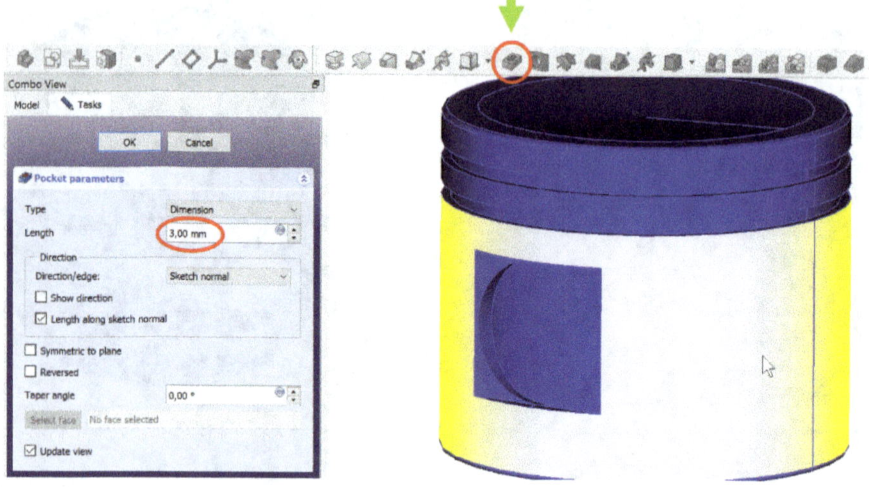

Abbiamo bisogno della stessa sezione sul lato opposto. Creiamo questa sezione semplicemente rispecchiando la prima. Per farlo, utilizziamo il comando "Mirrored". Selezioniamo il piano x-z come piano speculare.

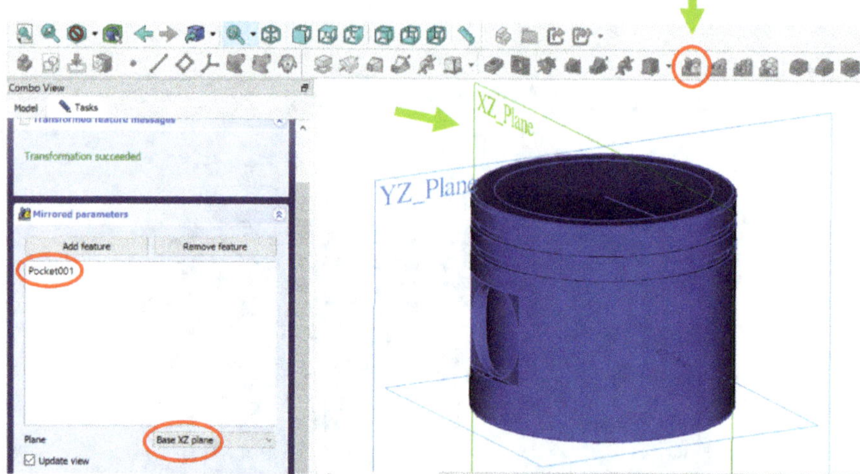

Tralasciamo ulteriori dettagli per motivi di complessità e di tempo. Questa fiaschetta sarà comunque solo un modello.

Proseguiamo ora con la biella e lo spinotto del pistone. Ma prima dobbiamo salvare il pistone. Poi possiamo chiudere il documento.

Per la biella creiamo nuovamente un nuovo documento, un corpo e uno schizzo sul piano x-z. Abbozziamo il profilo della sezione trasversale della biella mostrata su questo piano.

Iniziamo con i due "occhi". L'occhio superiore della biella deve avere un diametro di 30 mm (interno) e 40 mm (esterno). Impostiamo i centri dei cerchi sull'origine delle coordinate.

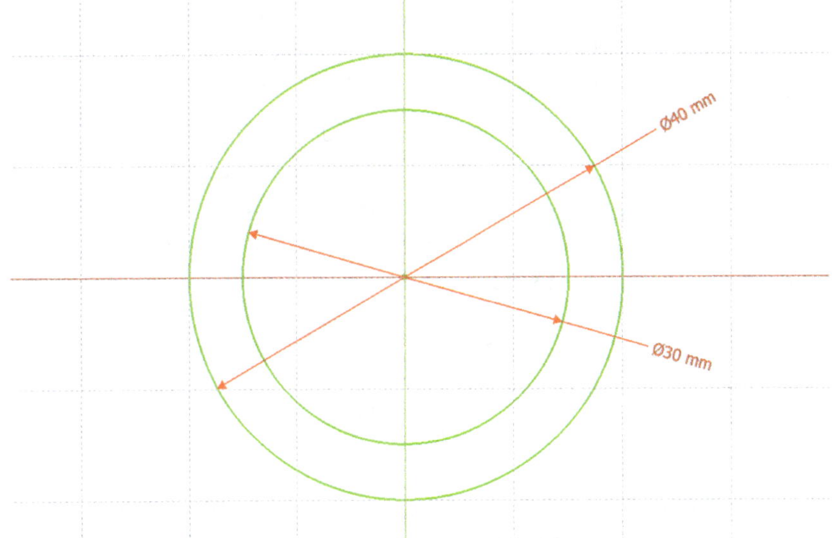

Un po' più in basso disegniamo il secondo occhio di biella, anch'esso composto da due cerchi i cui centri sono congruenti e devono trovarsi sulla linea verticale verde. I cerchi devono avere un diametro di 50 mm (interno) e 80 mm (esterno). Abbiamo anche dimensionato la distanza tra i centri e l'origine delle coordinate a 165 mm.

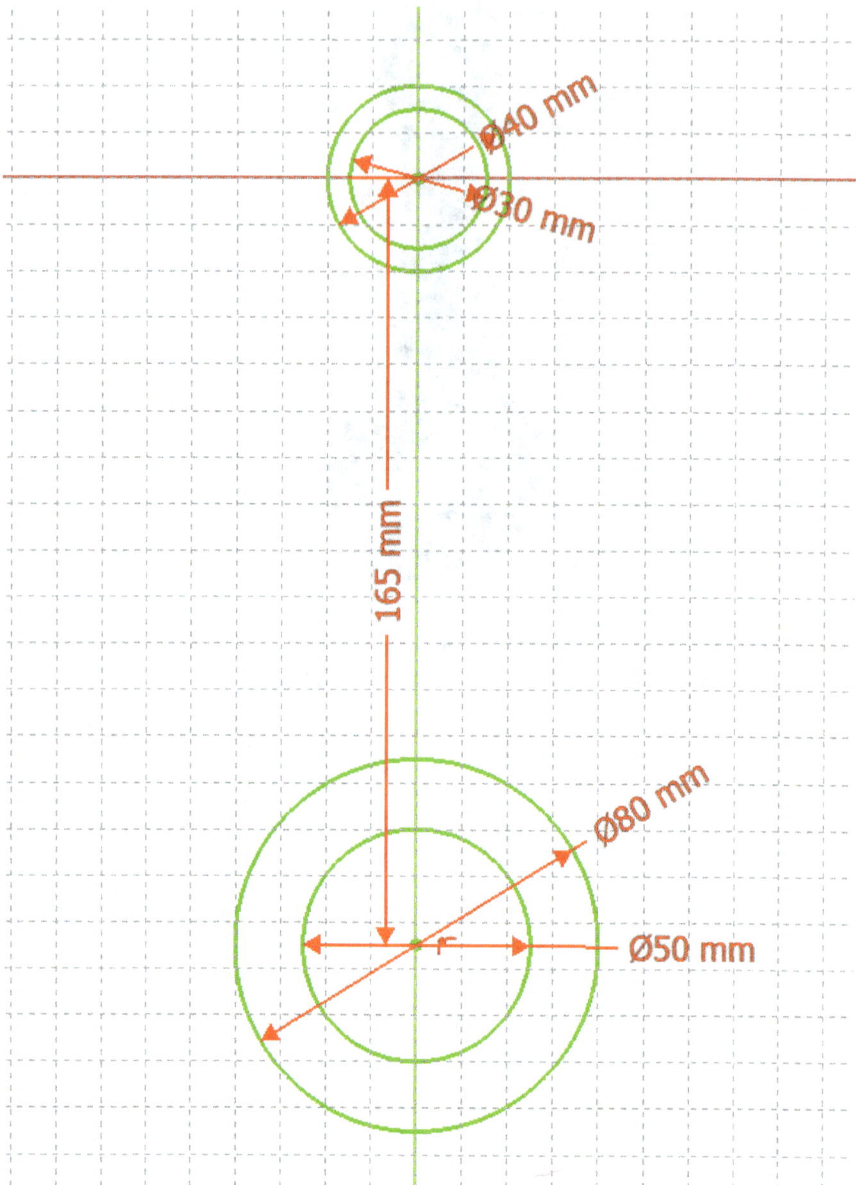

Quindi tracciamo due linee verticali lunghe 65 mm, ognuna delle quali deve avere una distanza orizzontale di 10 mm dal centro dell'occhio della biella superiore.

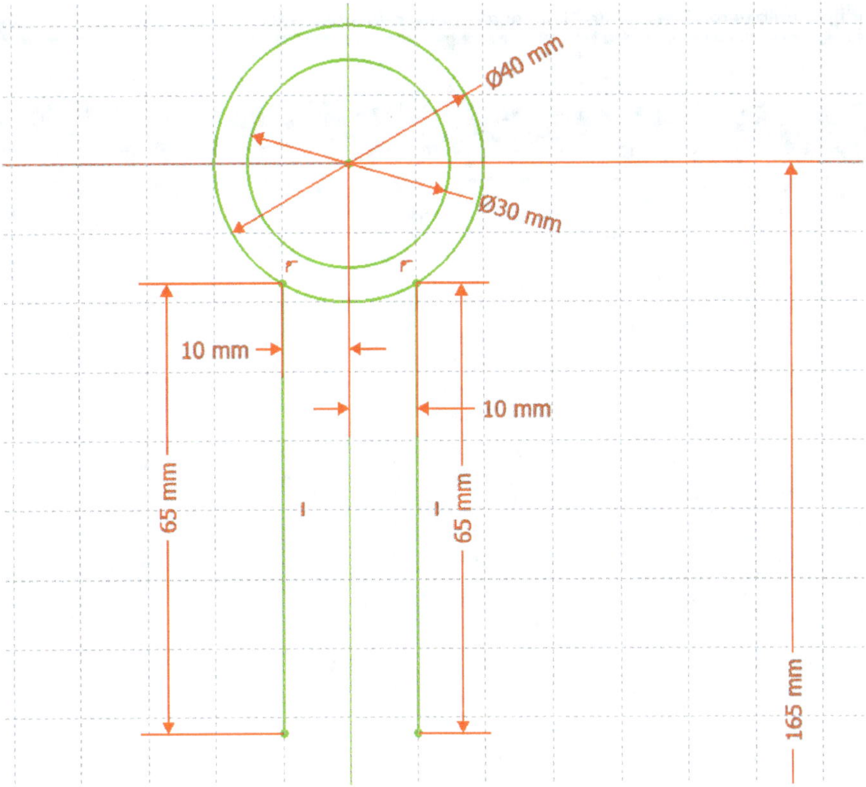

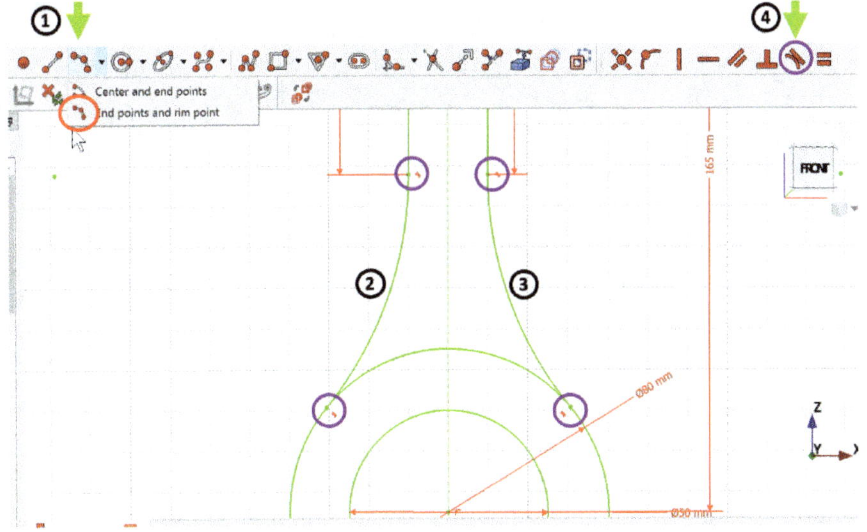

Completiamo il profilo con due archi ("End points and rim point"), che devono ricevere collegamenti tangenziali ("Constrain tangent") nei punti finali.

Infine, utilizziamo la funzione "Trim edge" per rimuovere le sezioni in eccesso.

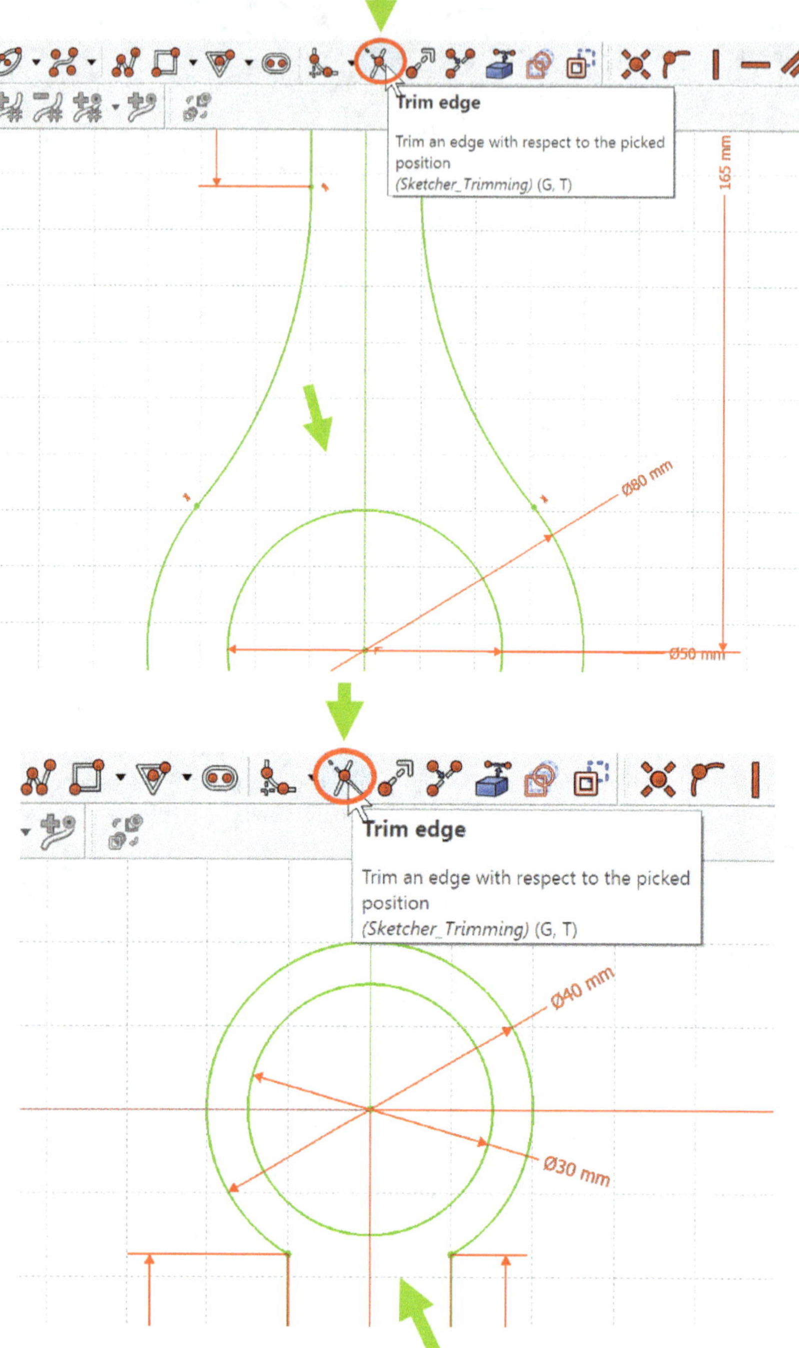

Fatto questo, possiamo chiudere lo schizzo ed estrudere la biella di 20 mm con il comando "Pad".

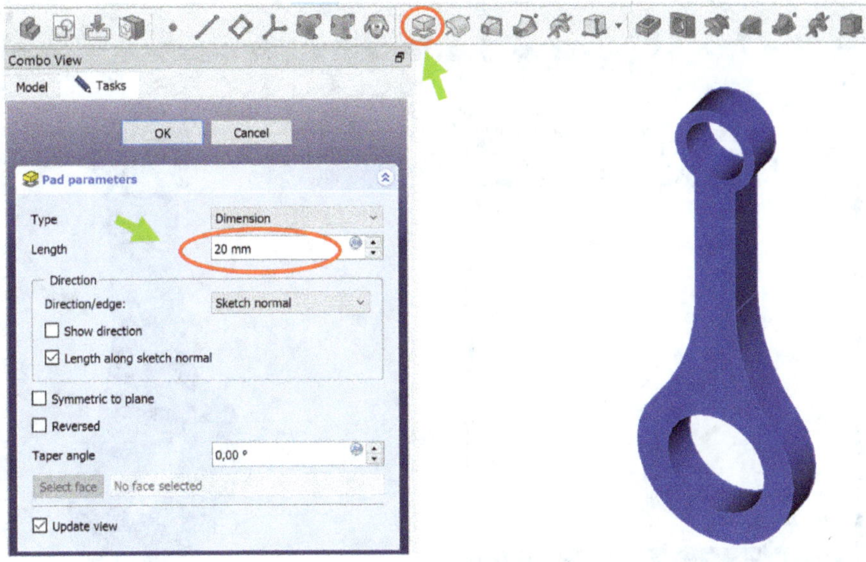

Affinché le transizioni nell'area superiore della biella non siano troppo estreme, possiamo arrotondare questi bordi con un raggio di 20 mm.

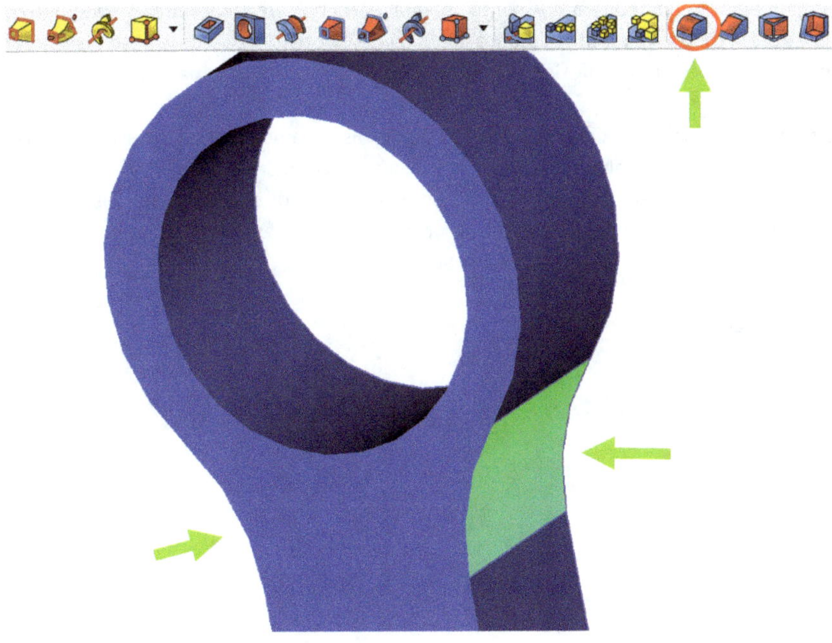

Arrotondiamo anche tutti i bordi rimanenti del fronte e del retro con 1 mm ciascuno. Per farlo, selezioniamo la parte anteriore e posteriore con il tasto CTRL premuto e poi clicchiamo sul comando "Fillet".

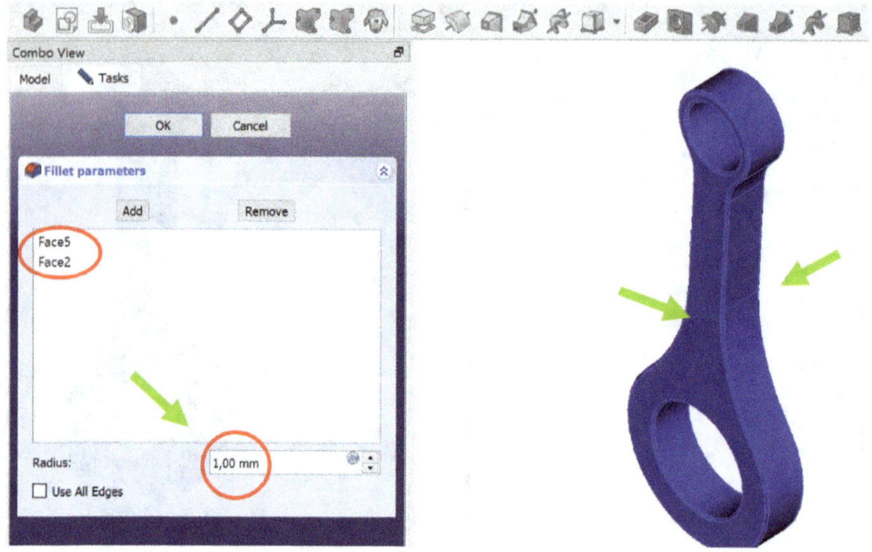

In questo caso, il nostro corpo 3D è un modello altamente semplificato.

Normalmente, il componente è diviso in due parti nell'area inferiore, la geometria è progettata in modo più mirato e, inoltre, ci sono i cosiddetti gusci dei cuscinetti di biella, che si posizionano nell'occhio inferiore e fungono da cuscinetti a strisciamento.

Possiamo quindi salvare e chiudere la biella. Quindi disegniamo lo spinotto del pistone prima di assemblare virtualmente il set di pistone, biella e spinotto. Creiamo un nuovo documento, un nuovo corpo e disegniamo un cerchio con un diametro di 30 mm sul suo piano y-z, che poi estrudiamo di 79 mm e incaviamo per ottenere uno spessore di parete di 3 mm. Sei invitato a farlo in modo indipendente per esercitarti meglio.

Ecco la soluzione:

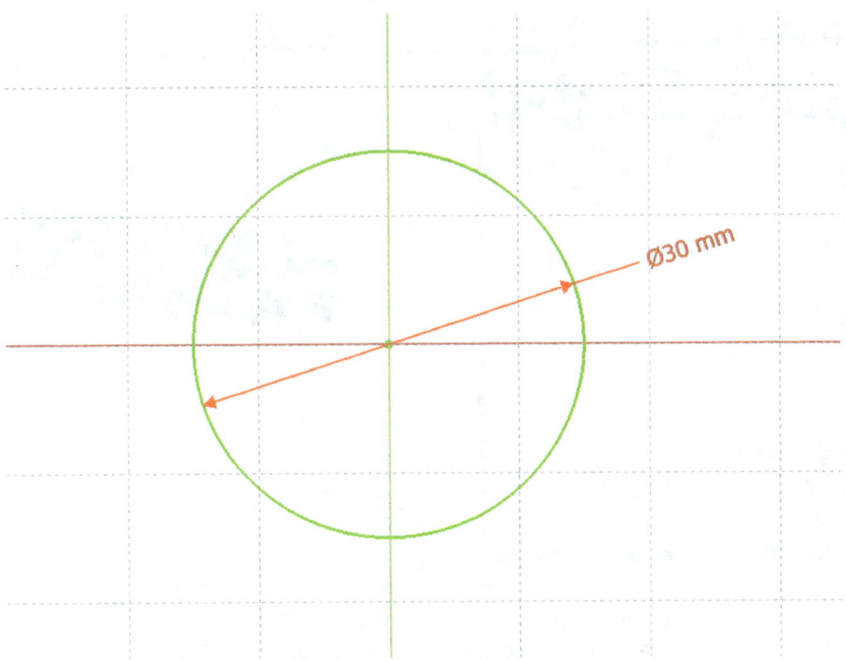

Per il comando "Thickness" selezioniamo entrambe le facce del perno. Attiviamo anche l'opzione "Make thickness inwards".

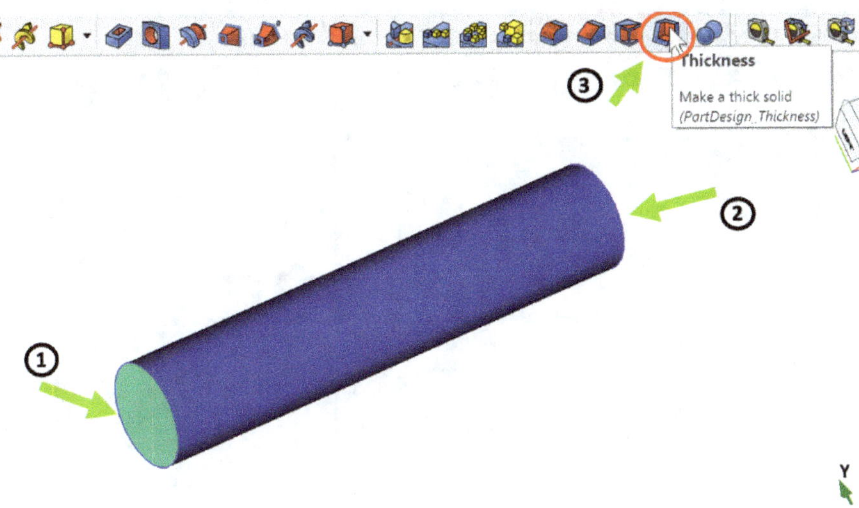

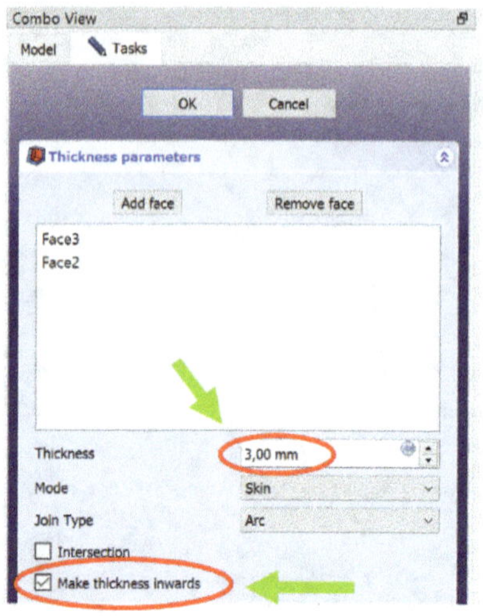

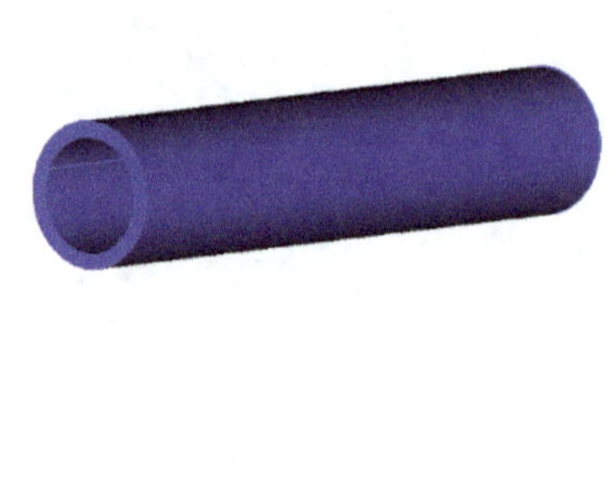

Infine, salviamo e chiudiamo il modello 3D.

Di seguito vogliamo assemblare i componenti in modo virtuale. Lo facciamo nell'area di lavoro "A2plus". Tuttavia, quest'area <u>non</u> è installata di default. Se necessario, puoi installare l'area manualmente tramite il gestore dei componenti aggiuntivi.

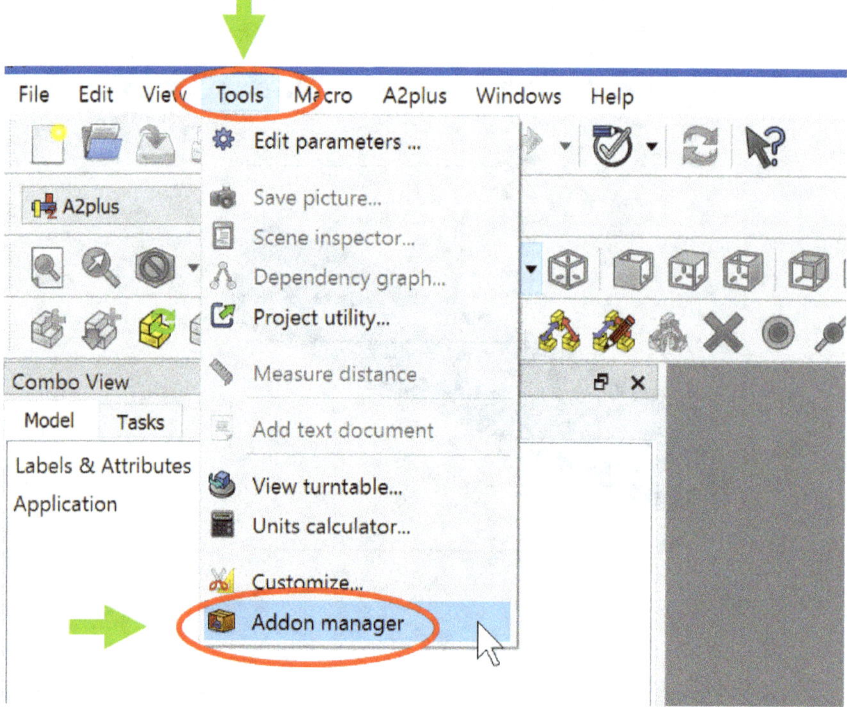

Ora ci troviamo nell'area di lavoro "A2plus". Per prima cosa dobbiamo creare un nuovo documento, come di consueto. Quindi possiamo aggiungere il primo corpo 3D, la biella, al nostro assemblaggio. Per farlo, clicca sul comando "Add a part from an external file" nella barra degli strumenti. Prima di farlo, dobbiamo salvare il documento.

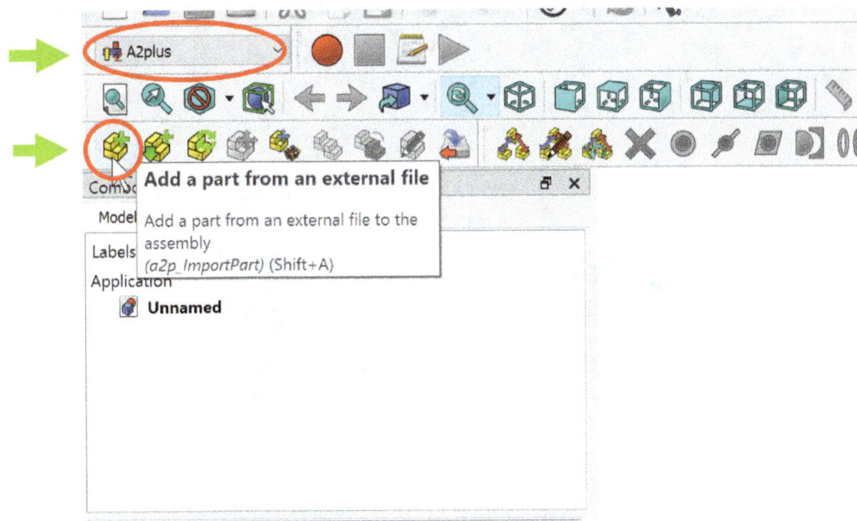

Il primo componente che inseriamo in un assemblaggio viene fissato in modo da potervi montare tutti gli altri componenti. Il secondo componente che inseriamo allo stesso modo è lo spinotto del pistone. Lo posizioniamo con un clic in qualsiasi posizione dello spazio 3D.

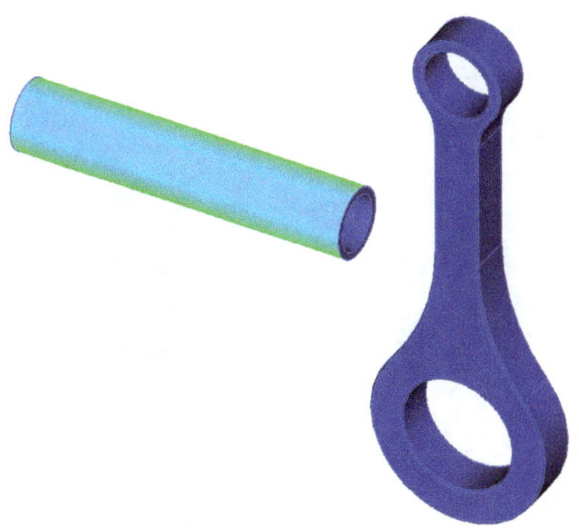

Quindi selezioniamo la superficie del pistone cilindrico e la superficie interna dell'occhio della biella superiore (tenendo premuto il tasto CTRL) e colleghiamo i due corpi 3D utilizzando il comando "Add axis Coincident constraint".

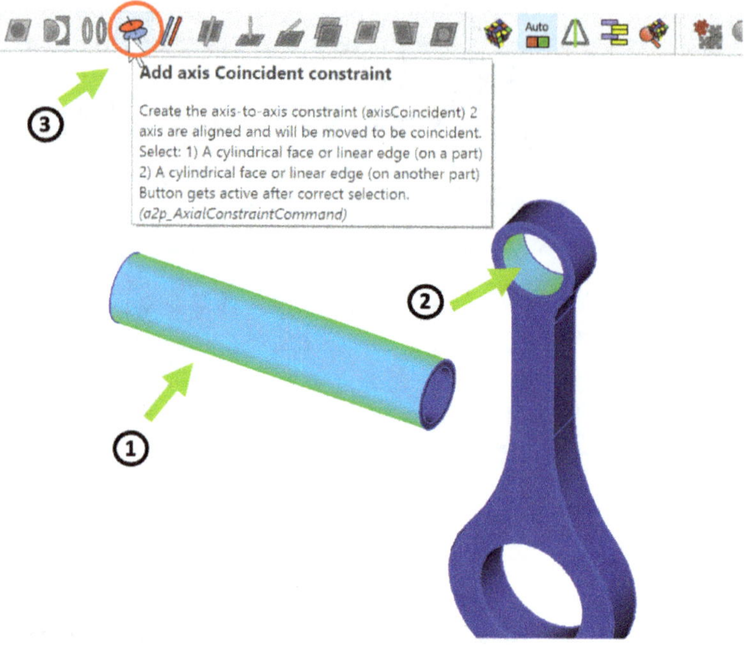

In questo modo abbiamo ottenuto che gli assi dei due elementi siano allineati tra loro. Confermiamo con "Accept".

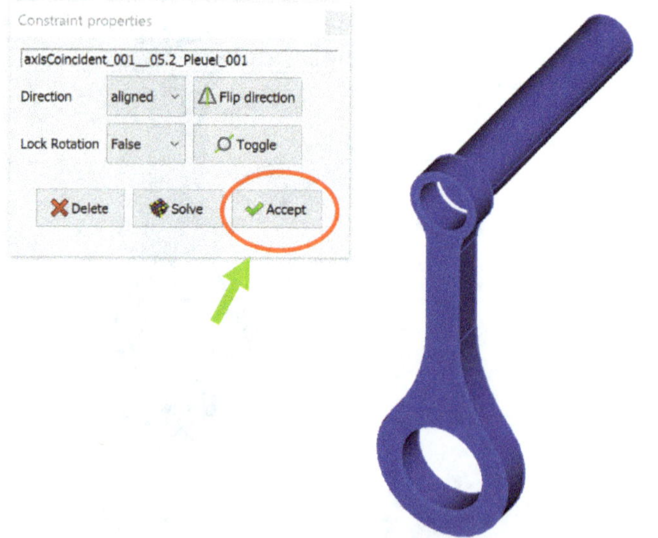

Ora il bullone può essere spostato solo lungo questo asse. Possiamo verificarlo con il comando "Move the selected part under constraints".

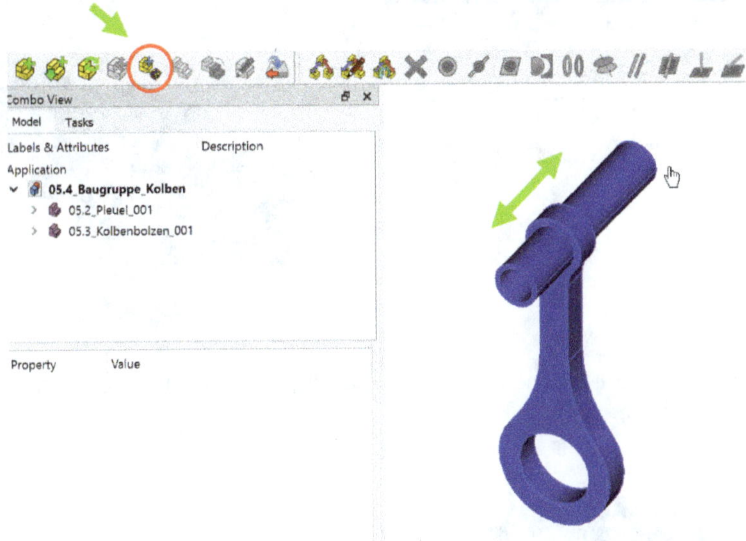

Per garantire che lo spinotto del pistone sia esattamente centrato, aggiungiamo la condizione "planeCoincident constraint" selezionando le due facce anteriori dei corpi 3D e il comando.

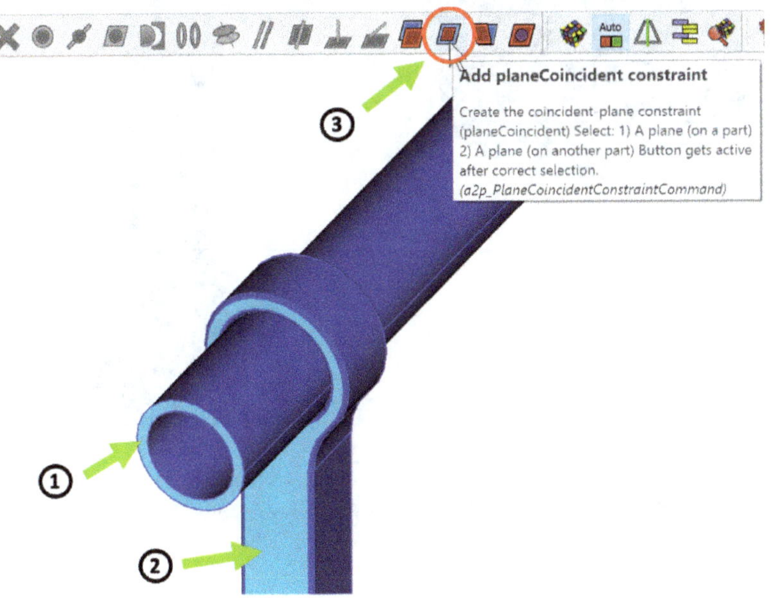

Nelle impostazioni (finestra pop-up) inseriamo un offset di 29,5 mm in modo che il bullone sia esattamente centrato. Conferma con "Accept".

Infine, aggiungiamo il pistone al gruppo. Puoi collegarlo in modo indipendente con lo spinotto del pistone.

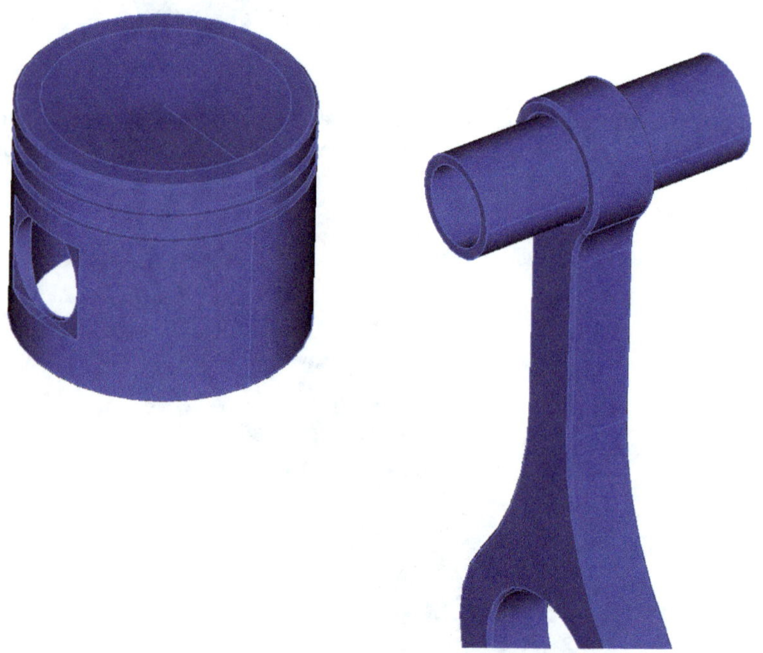

Per il collegamento eseguiamo prima il comando "Add axis coincident constraint".

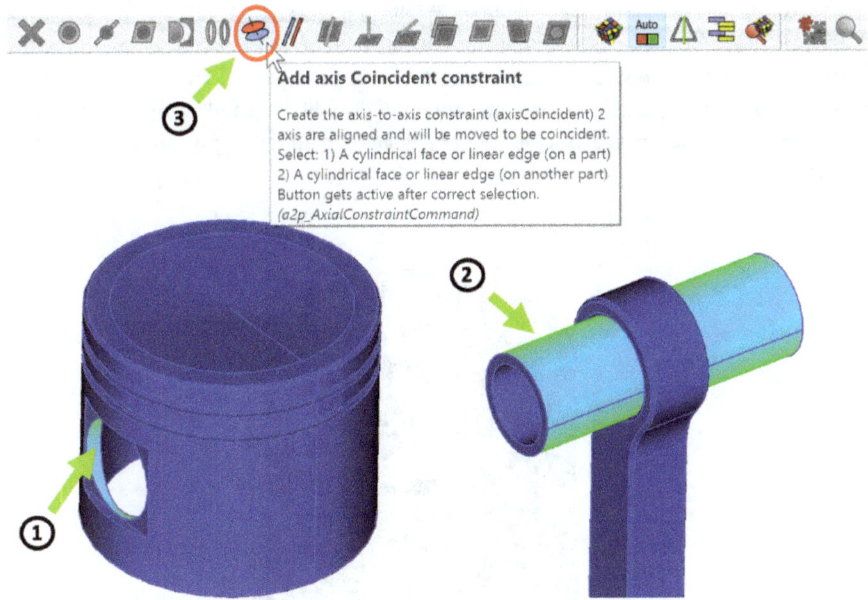

Successivamente, colleghiamo le due superfici visualizzate con l'aiuto del comando "Add planeCoincident constraint".

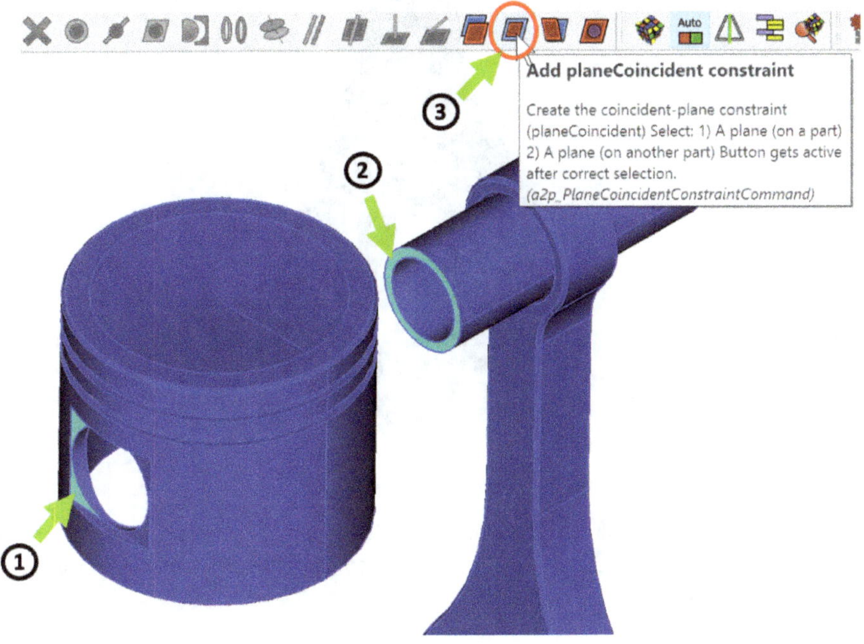

Ora l'assemblaggio è pronto. Per distinguere meglio le singole parti l'una dall'altra, possiamo cambiarne il materiale o il colore. Abbiamo già visto come funziona nell'ultimo progetto. Puoi anche apportare queste modifiche direttamente nell'assieme. Tuttavia, le modifiche vengono apportate solo all'insieme e non sono più disponibili quando si aprono le singole parti separatamente. In questo caso, puoi cambiare i materiali o i colori in base ai tuoi desideri.

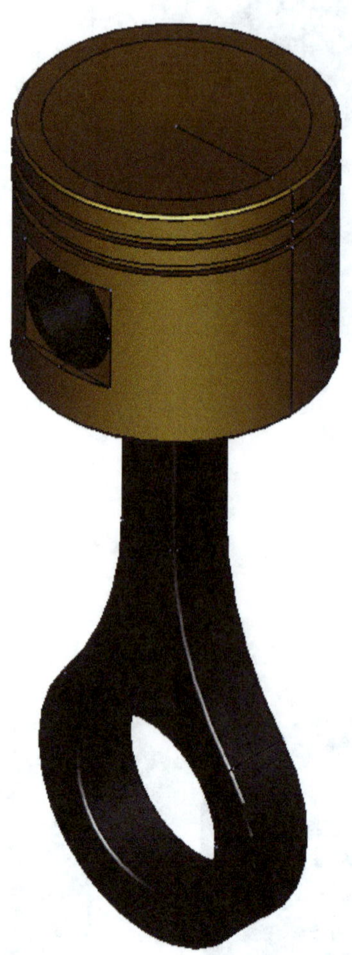

Il prossimo progetto continua con una chiave inglese. Rimani nei paraggi: nella prossima sezione ci sono altri progetti di design fantastici e ancora più complessi, tra cui, ad esempio, un cuscinetto a sfera.

7 Progetto n. 6: Chiave (chiave aperta)

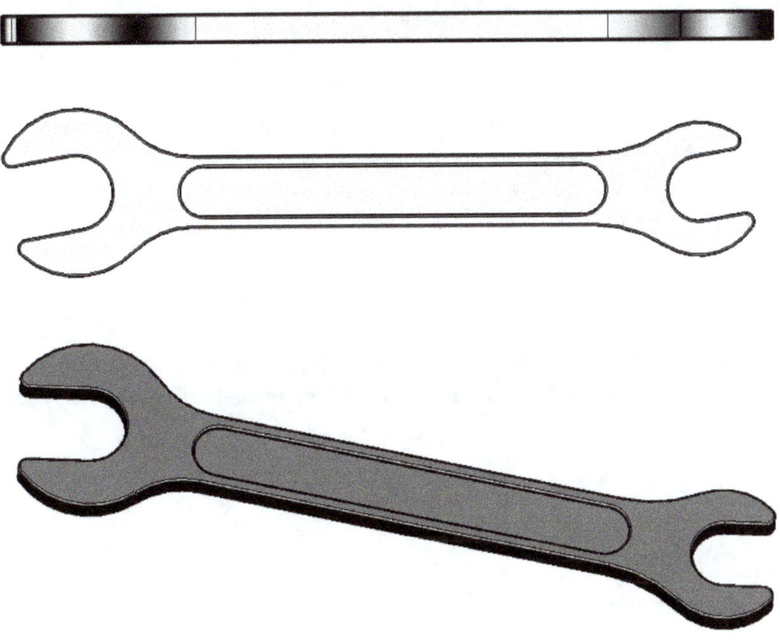

Come possiamo costruire al meglio questa chiave? Se diamo un'occhiata più da vicino alla geometria della chiave, alcuni di voi potrebbero già rendersi conto che ha senso iniziare con una geometria circolare nelle aree sinistra e destra e costruire l'area centrale della chiave con archi e linee di collegamento. Gli altri dettagli seguiranno in seguito.

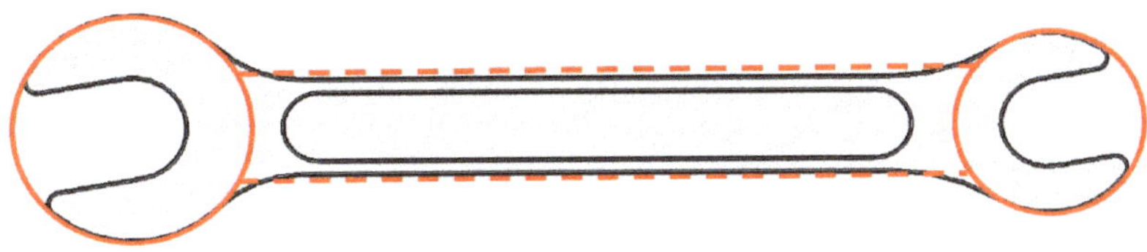

Quindi, per prima cosa disegniamo due cerchi sul piano x-y. Il cerchio di sinistra deve avere un diametro di 35 mm e quello di destra di 28 mm. Al cerchio di sinistra diamo una distanza di 67 mm dall'origine e al cerchio di destra una distanza di 65 mm. Assicurati che i centri di ogni cerchio si trovino sull'asse orizzontale rosso.

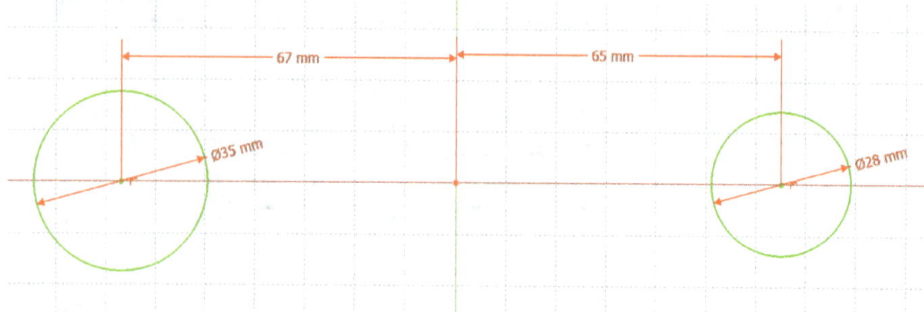

Ora creiamo l'area centrale. Per farlo, disegniamo prima due linee lunghe 85 mm, ciascuna con una distanza di 7,5 mm (verticale) e 42,5 mm (orizzontale) dall'origine delle coordinate.

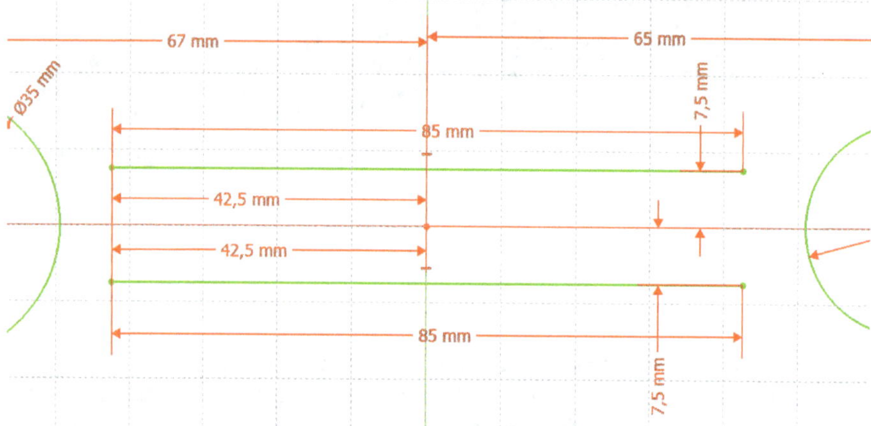

Quindi disegniamo due archi ("End points and rim point") nell'area di transizione sinistra, i cui punti iniziali e finali devono trovarsi rispettivamente sul cerchio e sui punti finali delle linee orizzontali. Analogamente al moschettone, sostituiamo i vincoli esistenti nei punti d'angolo con vincoli tangenziali ("Constrain tangent").

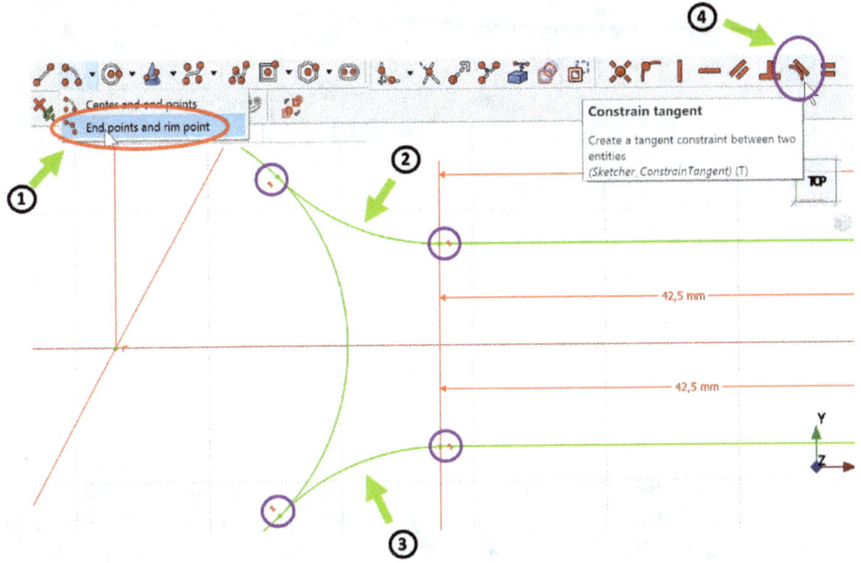

Facciamo lo stesso nell'area di transizione del lato destro.

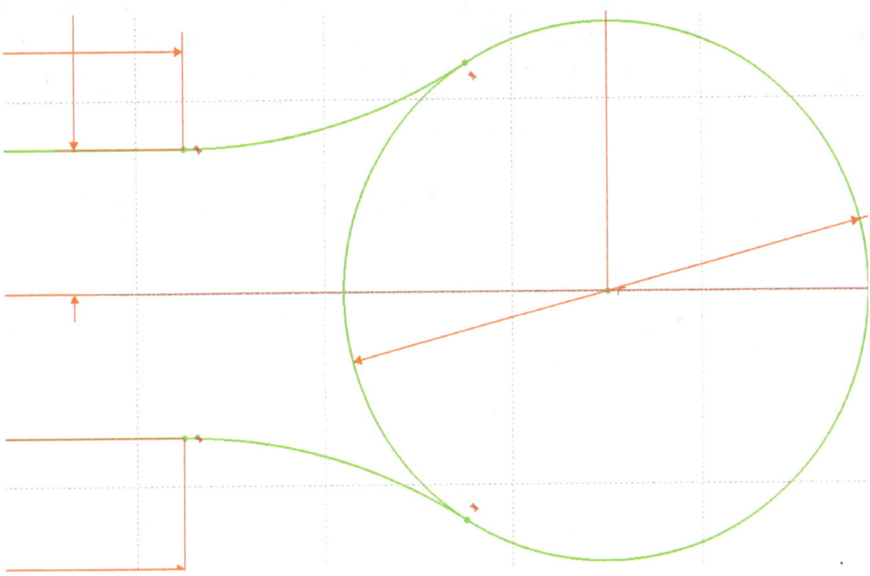

Poi possiamo rimuovere i segmenti di arco in eccesso dei due cerchi con lo strumento "Trim edge".

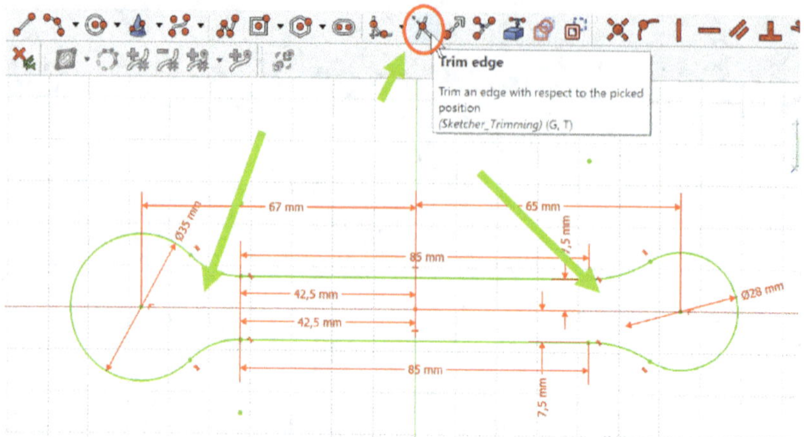

Passiamo ora ai due tagli che rendono possibile il funzionamento effettivo della chiave. Vorremmo integrarli nello schizzo per risparmiare una o più fasi di lavoro. Ricominciamo da sinistra. Questa geometria è anche la più facile da schematizzare con l'aiuto di un cerchio, che posizioniamo al centro e che non abbiamo ancora dimensionato.

Aggiungiamo quindi una linea che deve partire dal cerchio esterno ed essere tangente al cerchio interno appena disegnato. Assicurati assolutamente che venga creata la relazione tangenziale, riconoscibile dal piccolo simbolo. Altrimenti, è sufficiente aggiungerlo manualmente. Abbiamo bisogno di una linea simile anche nell'area inferiore. Quindi impostiamo le due linee in dipendenza parallela con una relazione.

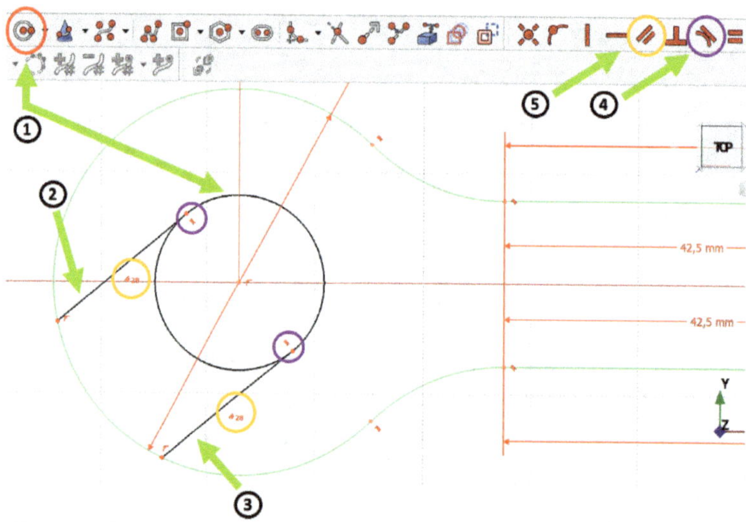

Ora dimensioniamo la distanza tra queste due linee con 15 mm. Per farlo, selezioniamo prima i due punti finali delle linee (tasto CTRL premuto) e poi utilizziamo il comando "Constrain distance". In questo modo abbiamo una chiave da 15 mm su questa pagina. Per un uso reale, tuttavia, è essenziale utilizzare le dimensioni o le tolleranze di un libro di tabelle o di Internet, poiché deve esserci ancora un po' di spazio tra la testa della vite e la chiave.

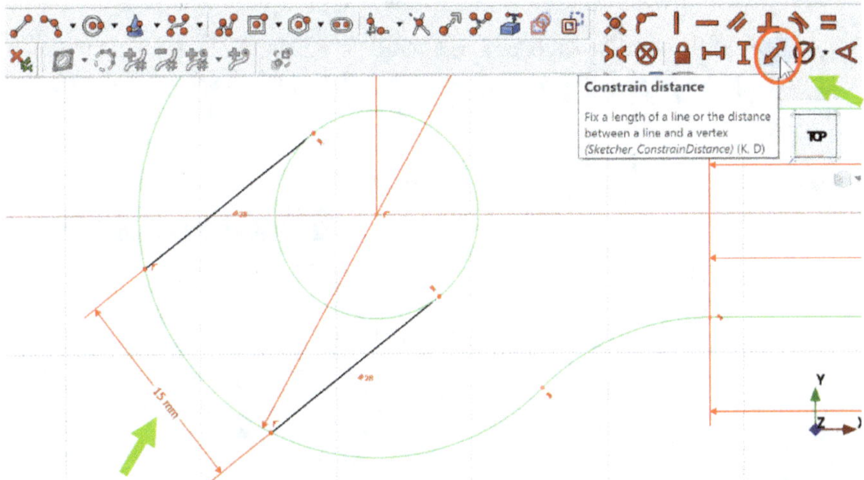

Con l'aiuto del comando "Trim edge" rimuoviamo il segmento di arco superfluo nell'area interna.

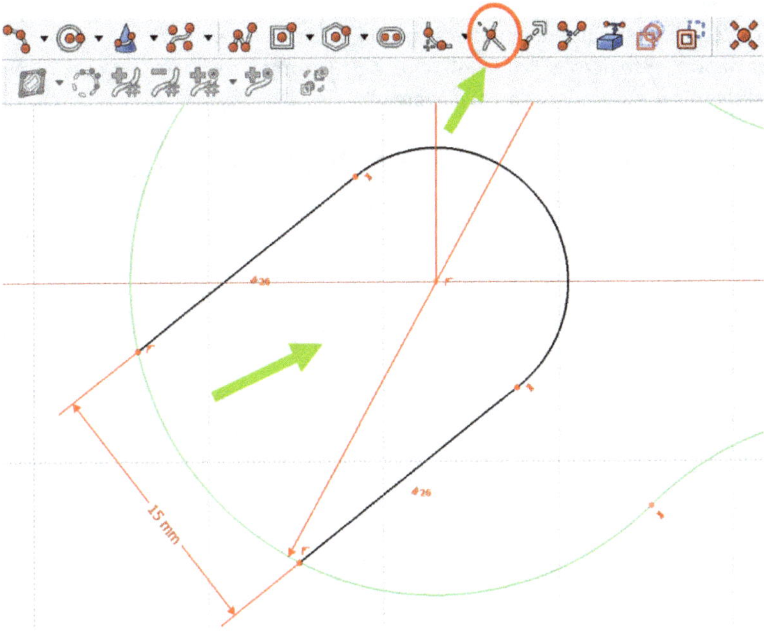

Per definire completamente lo schizzo aggiungiamo un angolo di 10° tra la linea superiore e la linea orizzontale rossa (asse x) con il comando "Constrain angle". Poi lo schizzo è di nuovo completamente definito. Infine, eliminiamo il secondo segmento d'arco superfluo del cerchio esterno e otteniamo la nostra apertura.

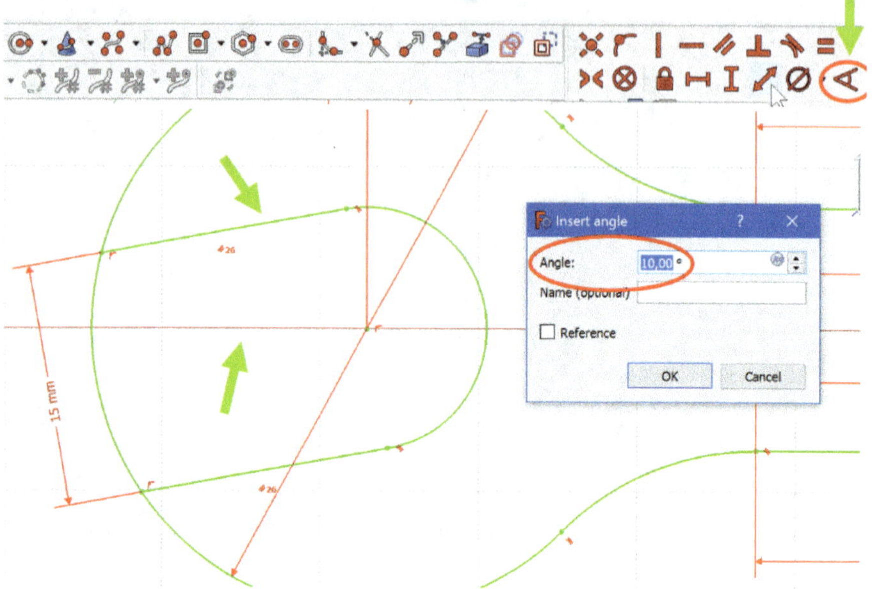

Questo processo ha apparentemente causato la perdita di un vincolo, in quanto lo schizzo diventa nuovamente nero nell'area inferiore. Aggiungiamo un vincolo verticale ("Constrain vertically") tra i due punti degli archi tangenziali.

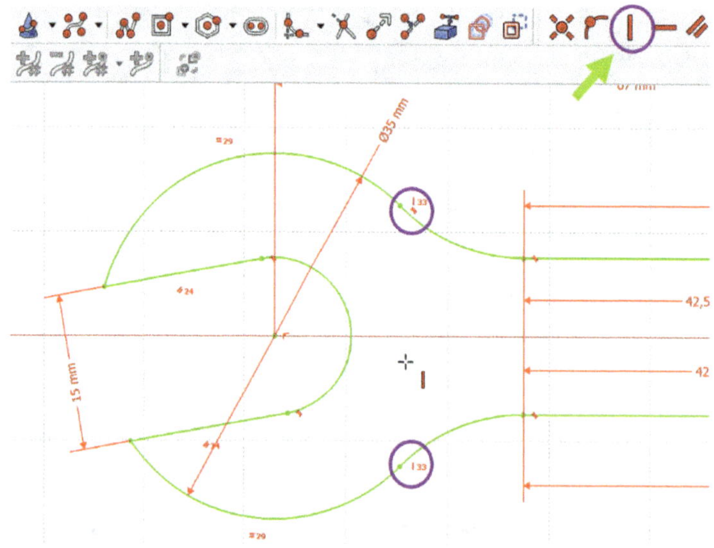

Eseguiamo la stessa procedura sull'altro lato, solo che le dimensioni sono diverse: qui vogliamo una chiave di misura 13. Sentiti libero di provarlo da solo! Se in qualche punto ti blocchi, puoi seguire la procedura descritta nella pagina precedente.

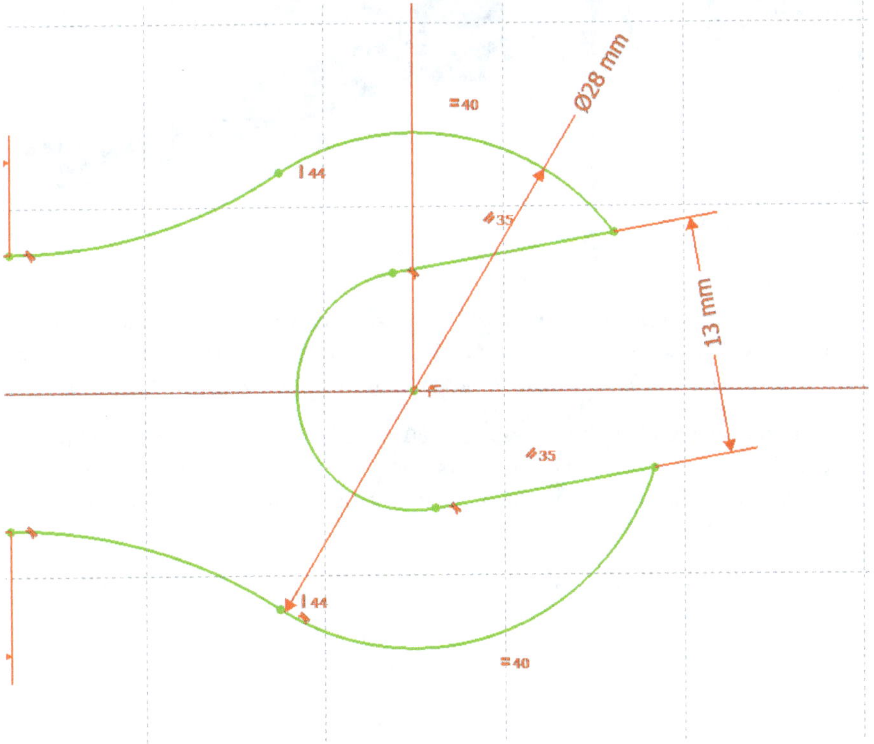

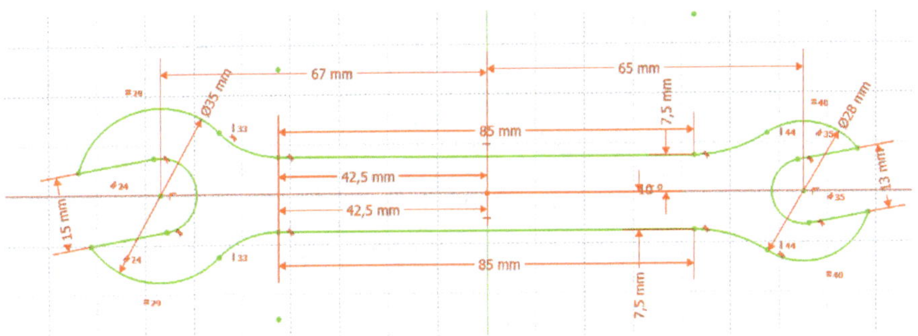

Perfetto! Il profilo è ora finito e possiamo chiudere lo schizzo 2D.

Ora dobbiamo semplicemente estrudere il profilo di 6 mm. In questo caso, però, estrudiamo 3 mm in ogni direzione, cioè selezioniamo l'opzione "Two dimensions" nell'impostazione "Type". Questo in modo che il piano x-y del corpo 3D sia esattamente centrato all'interno del corpo. Vedremo tra poco perché ne abbiamo bisogno.

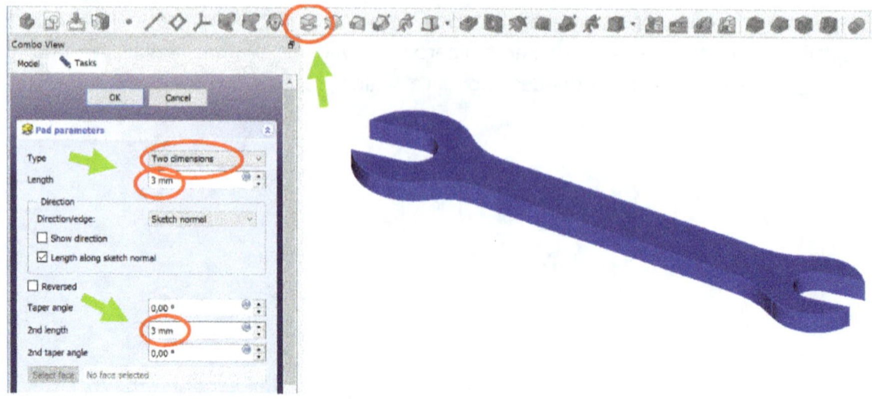

Ora vogliamo aggiungere una rientranza o una goffratura nell'area centrale. Per farlo, disegniamo una fessura sulla superficie superiore o inferiore del modello 3D con il comando "Create a Slot". Per una visione migliore, nascondiamo il corpo 3D.

La lunghezza del foro oblungo deve essere di 80 mm e la larghezza di 10 mm. Inoltre, uno dei due punti del foro oblungo deve trovarsi sulla linea orizzontale rossa (asse x) e deve essere dimensionato con 40 mm rispetto all'origine delle coordinate in modo che il foro oblungo sia centrato.

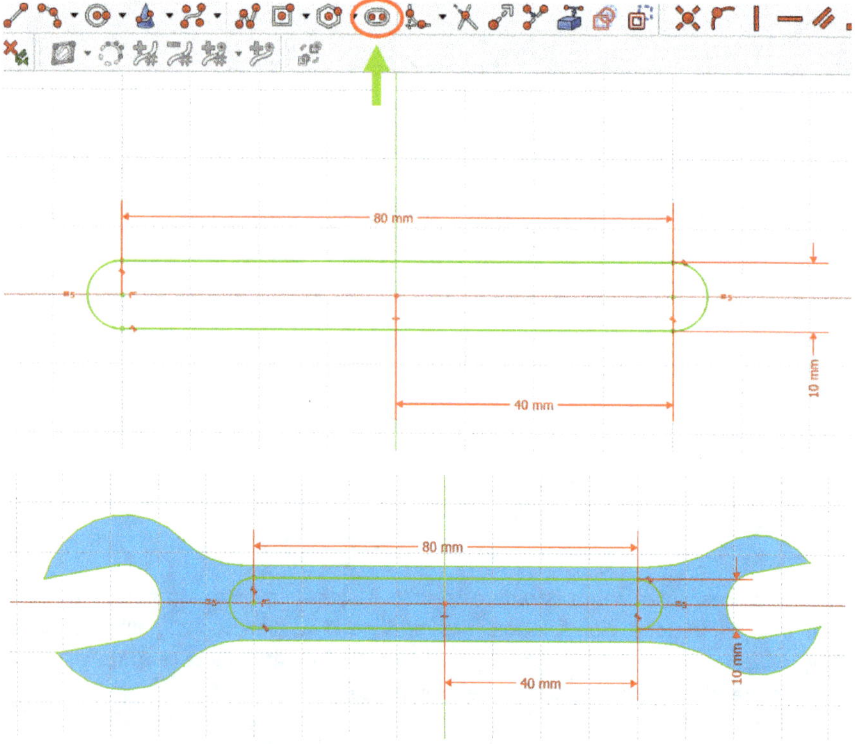

Dopo aver chiuso lo schizzo, creiamo un rilievo profondo 1 mm con il comando "Pocket".

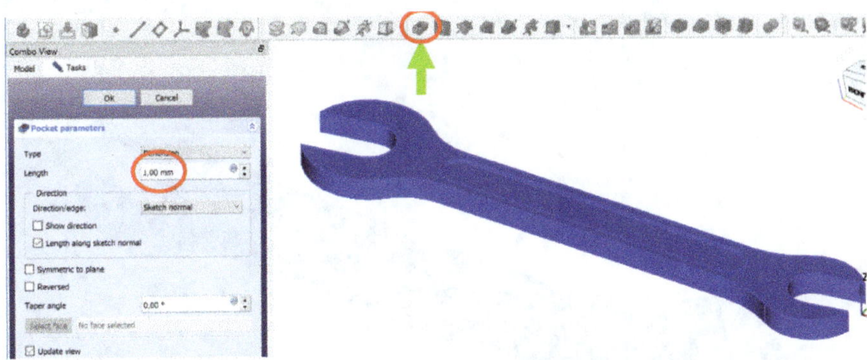

Poiché abbiamo costruito la parte in modo simmetrico rispetto al piano x-y, ora possiamo semplicemente specchiare questa rientranza sull'altro lato utilizzando il comando "Mirrored". Selezioniamo l'incavo ("Pocket") nella struttura ad albero e facciamo clic sul comando "Mirrored" nella barra degli strumenti. Nelle impostazioni selezioniamo il piano x-y ("Base XY plane") per il piano speculare ("Plane"). Ecco perché prima abbiamo realizzato un'estrusione in due direzioni.

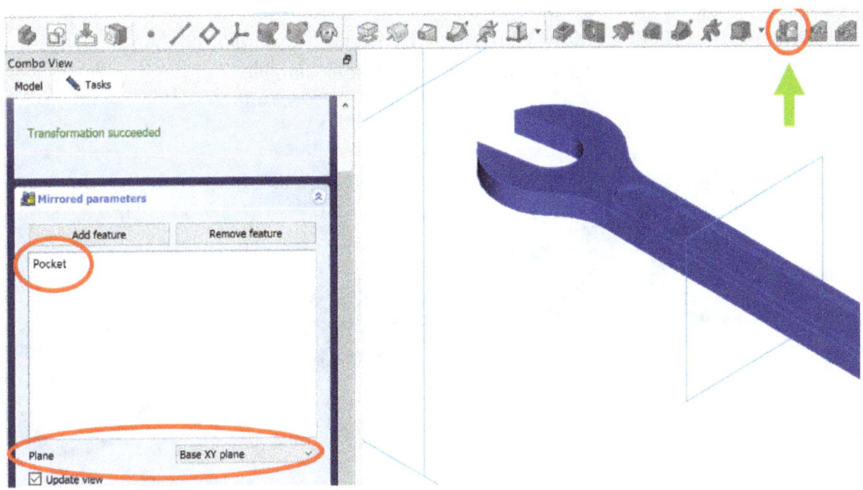

Poi arrotondiamo i quattro bordi della chiave con 2 mm. Puoi selezionare più bordi tenendo premuto il tasto CTRL durante la selezione.

Infine, arrotondiamo tutti i bordi delle superfici di copertura superiore e inferiore con un raggio di 1 mm. È meglio farlo in due fasi distinte.

Naturalmente, possiamo sempre cambiare l'aspetto. Ad esempio, possiamo scegliere il materiale acciaio. Lo strumento assume quindi un colore metallico.

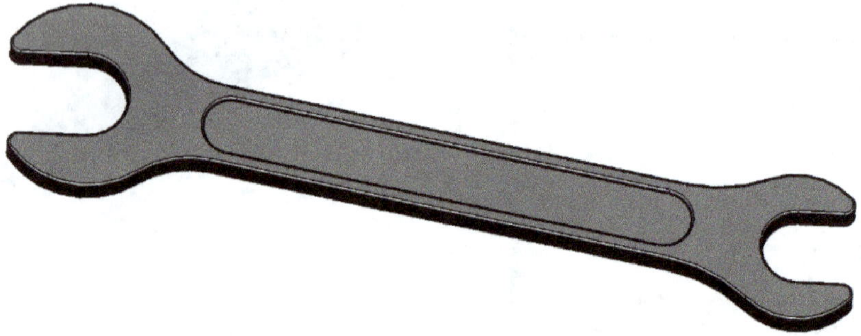

Eccellente! Ora la chiave è pronta per essere utilizzata. Speriamo che ti sia piaciuto finora. Ma naturalmente questa non è la fine della storia. Piuttosto, ora seguono progetti di design un po' più complessi. Continua!

8 Progetto n. 7: Cuscinetto a sfera

Bentornato! Il prossimo progetto di design sarà un cuscinetto a sfera. Più precisamente, un cuscinetto a sfere a una corona, che è uno dei cuscinetti a sfere più conosciuti e utilizzati.

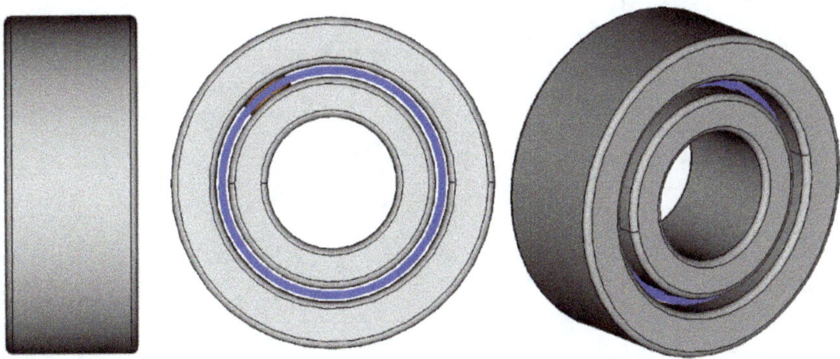

Il cuscinetto a sfere è composto da quattro componenti. Li creeremo uno dopo l'altro. Abbiamo bisogno di un anello esterno, di un anello interno, di palline e di una gabbia di palline. La cosiddetta gabbia di palline assicura che le palline rimangano nella posizione corretta.

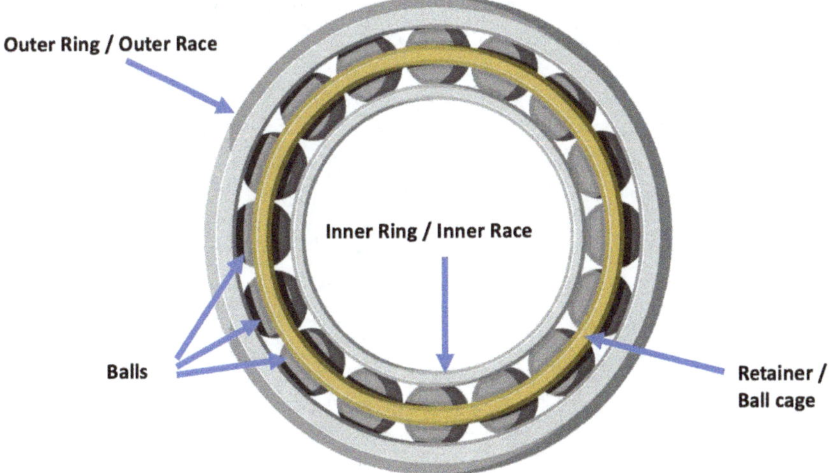

Iniziamo con il primo componente, l'anello esterno del cuscinetto a sfere, che creeremo con l'aiuto di una rotazione. Per farlo, abbiamo bisogno di uno schizzo 2D, ad esempio sul piano x-y. Disegniamo un rettangolo largo 20 mm e alto 7 mm sopra l'asse x per la sezione trasversale dell'anello esterno. A questo scopo è meglio utilizzare il comando "Centered rectangle", in modo da posizionare il centro del rettangolo sull'asse verticale verde dello schizzo. Infine, aggiungiamo una misura di 25 mm dal bordo superiore all'origine delle coordinate.

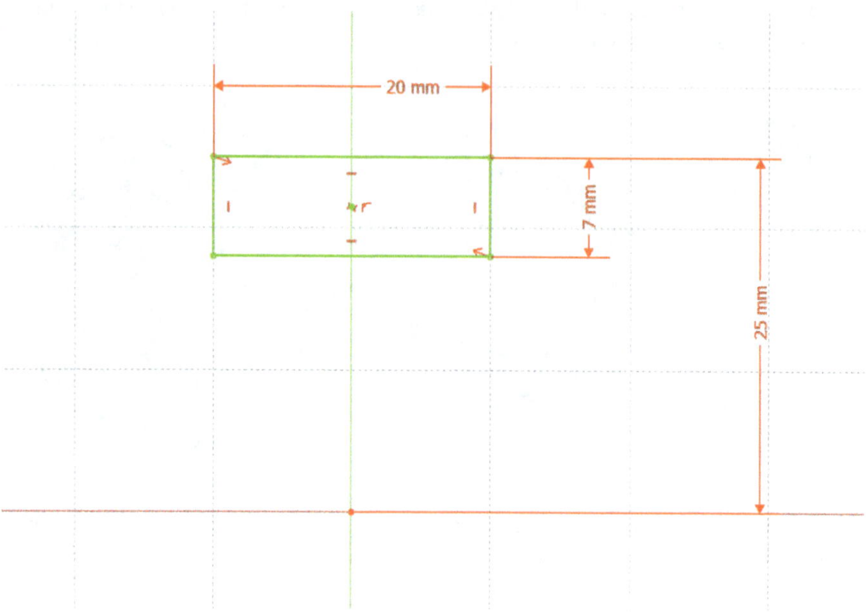

Poi dobbiamo creare la pista per le sfere. Per questo utilizziamo un cerchio, che posizioniamo come mostrato e diamo un diametro di 8 mm. La distanza tra il centro del cerchio e il bordo superiore del rettangolo è di 7,8 mm.

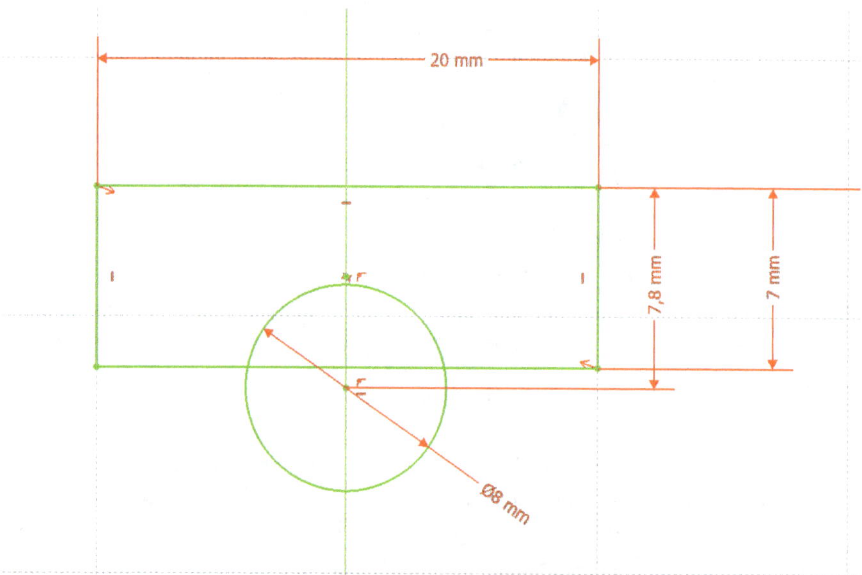

Poi rimuoviamo due sezioni di profilo superflue con il comando "Trim edge". Se la definizione completa del disegno viene persa, puoi risolvere il problema rendendo identiche le due linee laterali del rettangolo con il comando "Constrain equal".

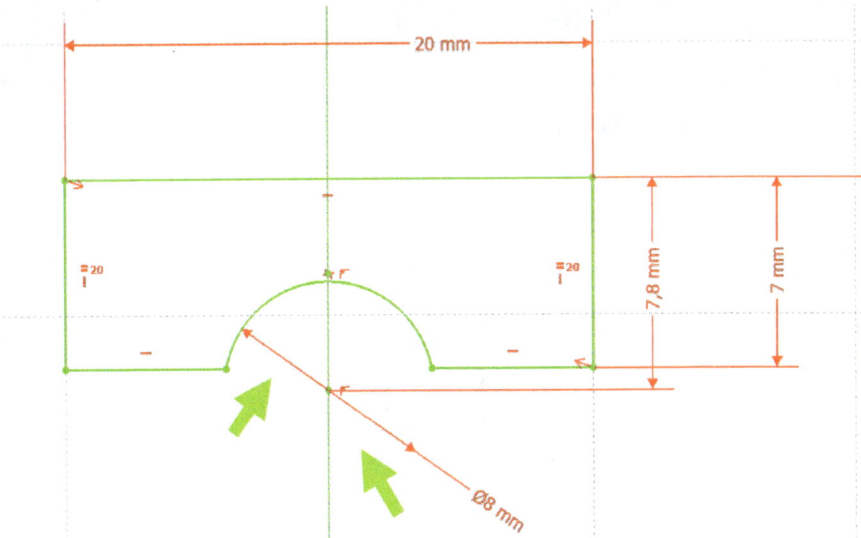

Come ultimo passo, possiamo anche arrotondare i bordi del pezzo. Per farlo, utilizziamo il comando "Constraint-preserving sketch fillet" per creare dei filetti con un raggio di 1 mm ciascuno.

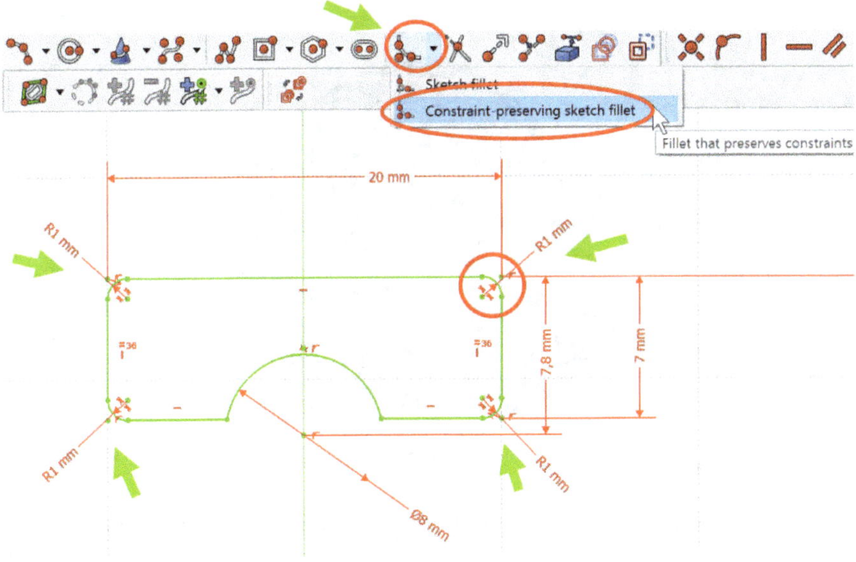

Il profilo della sezione trasversale dell'anello esterno è pronto e può essere ruotato con il comando "Revolution" dopo aver terminato lo schizzo. Affinché il comando funzioni, dobbiamo selezionare l'asse x come asse di rotazione nelle impostazioni.

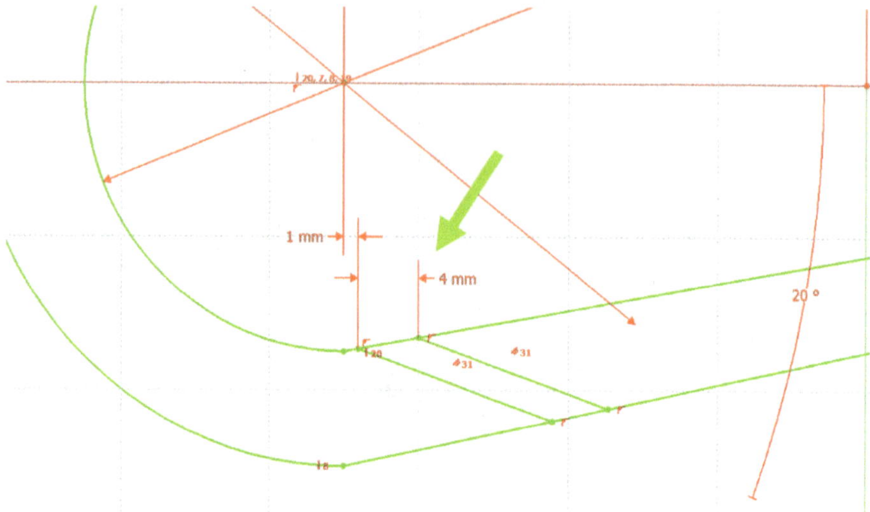

Per la seconda parte del cuscinetto a sfere, che sarà l'anello interno, dobbiamo creare un nuovo documento, poiché si tratta di un componente indipendente. Pertanto, salviamo l'anello esterno del cuscinetto a sfera e chiudiamo il documento. Prima di fare ciò, possiamo ovviamente modificare l'aspetto del componente, se lo desideriamo. Potremmo colorarlo d'argento, ad esempio.

Sul piano x-y del nuovo documento, analogamente alla parte precedente, disegneremo anche una geometria della sezione trasversale, che trasformeremo in un componente 3D con "Revolution". Ripartiamo da un rettangolo di 20 mm di larghezza e 6 mm di altezza. Definiamo la distanza verticale tra l'origine e il bordo inferiore del rettangolo come 16 mm.

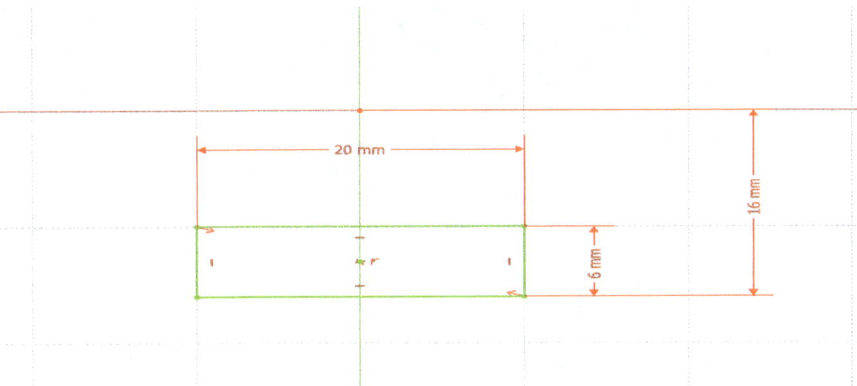

Poi abbozziamo una traccia per le palline anche qui. Lo facciamo in modo simile all'anello esterno. Il diametro del cerchio deve essere identico a quello dell'anello esterno (8 mm). Una distanza di 6,8 mm tra il centro del cerchio e il bordo superiore del rettangolo assicura che le due piste siano concentriche tra loro.

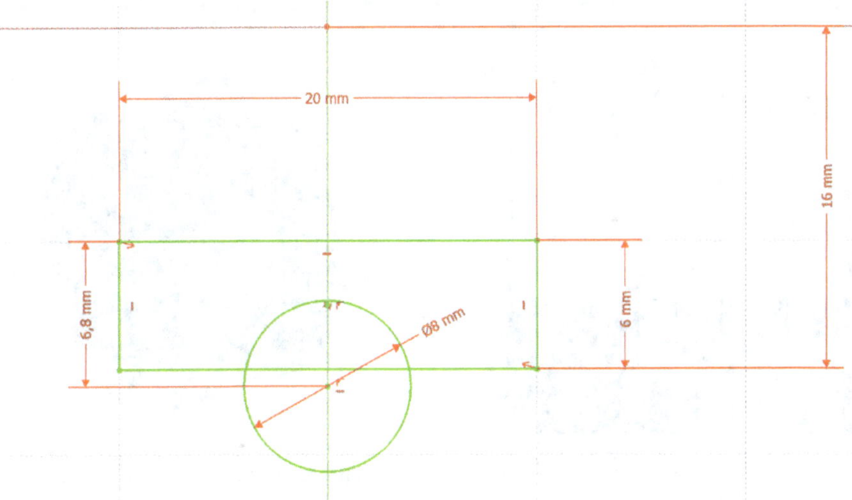

Negli ultimi due passaggi dello schizzo 2D, da un lato rimuoviamo le sezioni di profilo superflue e dall'altro creiamo dei filetti da 1 mm per i quattro angoli. Aggiungi anche tutti i vincoli necessari per una definizione completa dello schizzo. La procedura è identica a quella dell'anello esterno.

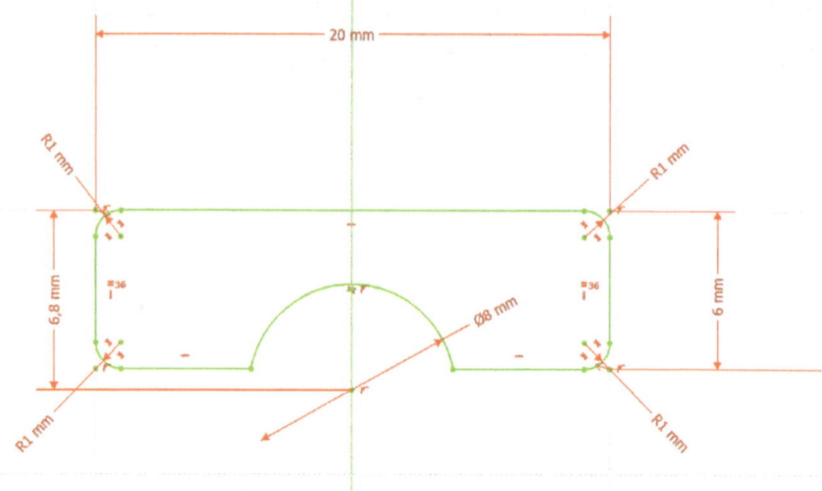

Dopo aver chiuso lo schizzo, possiamo effettuare una rotazione di 360 gradi intorno all'asse x.

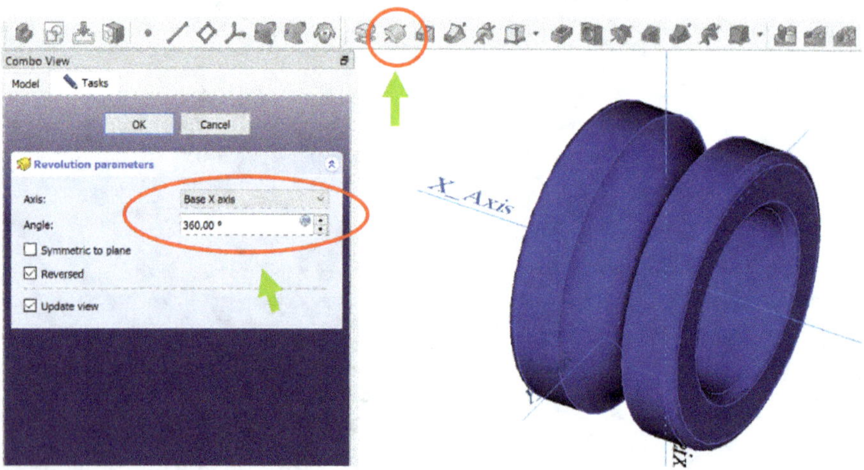

A questo punto possiamo - se lo desideriamo - modificare l'aspetto della parte, salvare la parte e poi chiuderla.

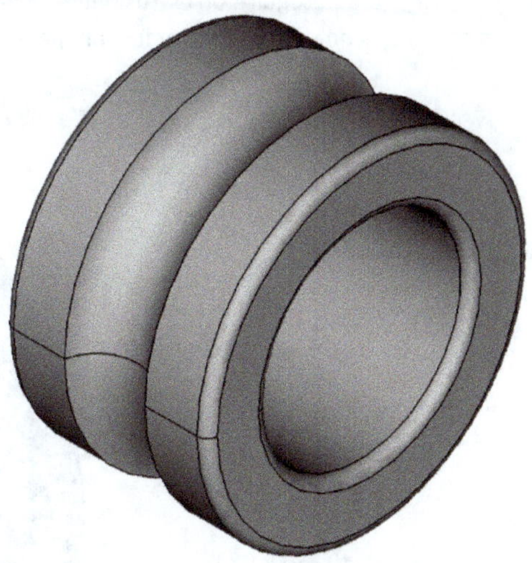

Per la parte successiva, la gabbia della palla, creiamo nuovamente un nuovo documento, un nuovo corpo e uno schizzo, ad esempio sul piano y-z. Lo facciamo perché anche questa parte è un componente indipendente. Tuttavia, non creeremo questa parte tramite rotazione, ma tramite estrusione. Per farlo, dobbiamo semplicemente disegnare due cerchi, ognuno dei quali deve partire dall'origine delle coordinate e avere un diametro di 33 mm e 35 mm rispettivamente.

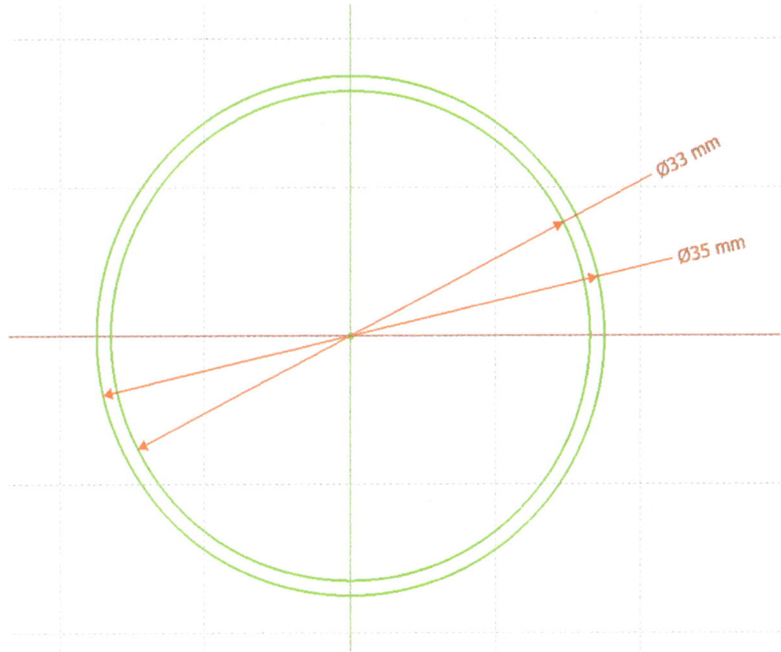

Poi possiamo chiudere lo schizzo ed eseguire un'estrusione simmetrica (comando "Pad" e impostazione "Two dimensions") con una lunghezza di 6 mm per direzione.

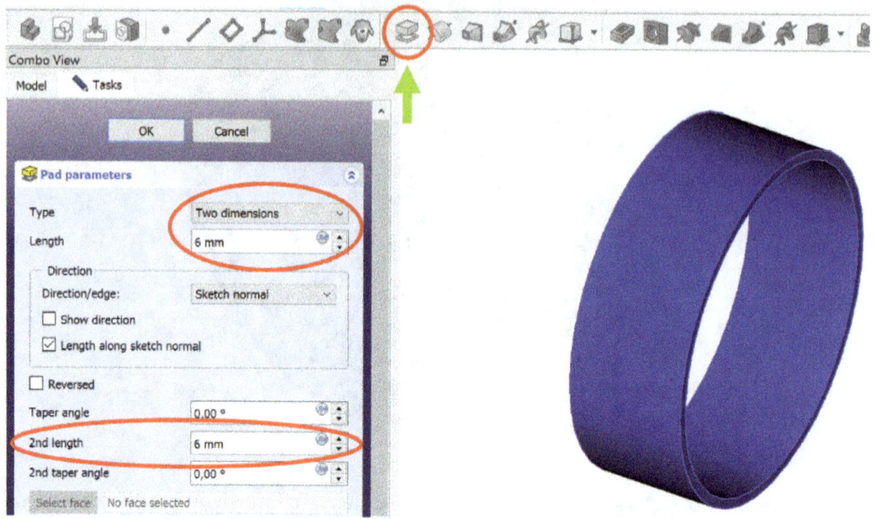

Ora dobbiamo aggiungere i fori in cui le palline saranno posizionate in seguito. Per farlo, basta creare un taglio circolare che deve andare dal piano x-y verso l'alto attraverso il corpo. Per farlo, disegniamo un cerchio con un diametro di 7,8 mm in uno schizzo sul piano x-y. A questo scopo possiamo nascondere il corpo. Il centro del cerchio deve trovarsi al centro delle coordinate.

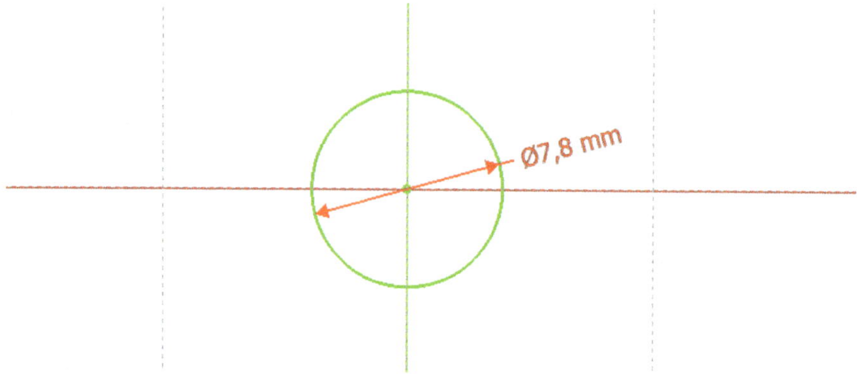

Quindi chiudiamo lo schizzo e utilizziamo il comando "Pocket" e l'impostazione "Up to face". Per farlo, clicchiamo sulla superficie esterna del mantello del corpo. A questo punto dovrebbe apparire il ritaglio. Se il ritaglio appare nell'area inferiore invece che in quella superiore, possiamo modificarlo attivando l'opzione "Reversed".

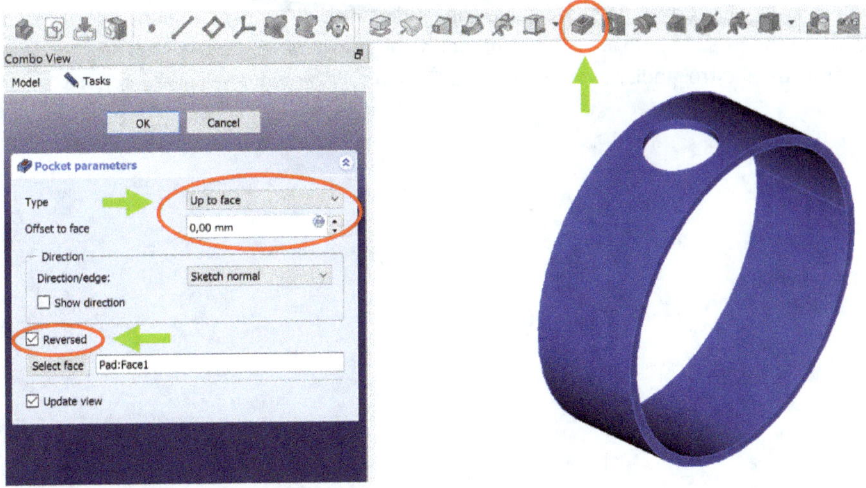

Abbiamo bisogno di altre nove buche. Per crearli in modo semplice e veloce, utilizziamo la funzione già nota "Polar Pattern". Per farlo, clicchiamo prima nella struttura ad albero sulla sezione che abbiamo appena creato ("Pocket") e poi sul comando "Polar Pattern". L'asse per la creazione del modello deve essere l'asse x ("Base X axis") e il numero ("Occurrences") deve essere 10.

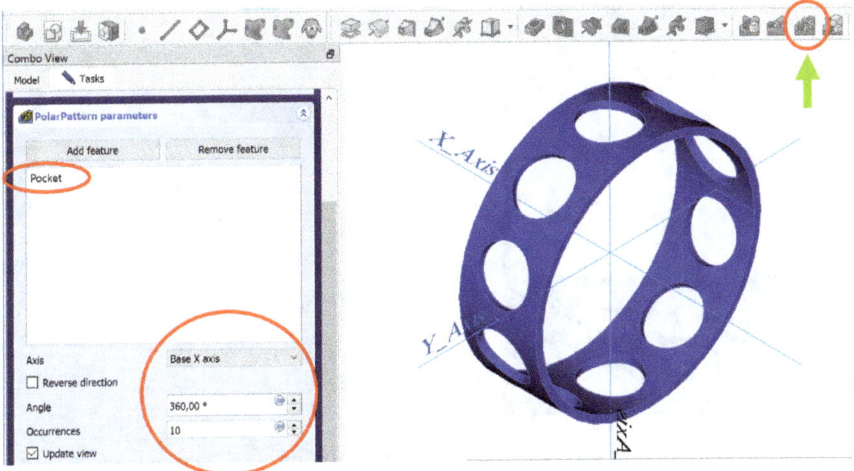

A questo punto la gabbia per le palline è pronta. Possiamo lasciare il colore così com'è o cambiarlo. Salviamo il componente e chiudiamo il documento.

Prima di poter collegare tutti i componenti in un assieme, vogliamo creare l'ultimo componente, la sfera. Abbiamo bisogno di questa sfera dieci volte, ma dobbiamo costruirla solo una volta e poi semplicemente inserirla dieci volte nell'assieme.

Per la sfera, disegniamo un semicerchio con un diametro di 8 mm in un nuovo documento e uno schizzo sul piano x-y. Il centro del semicerchio deve trovarsi sull'origine delle coordinate. Inoltre, abbiamo bisogno di una linea di collegamento nell'area inferiore.

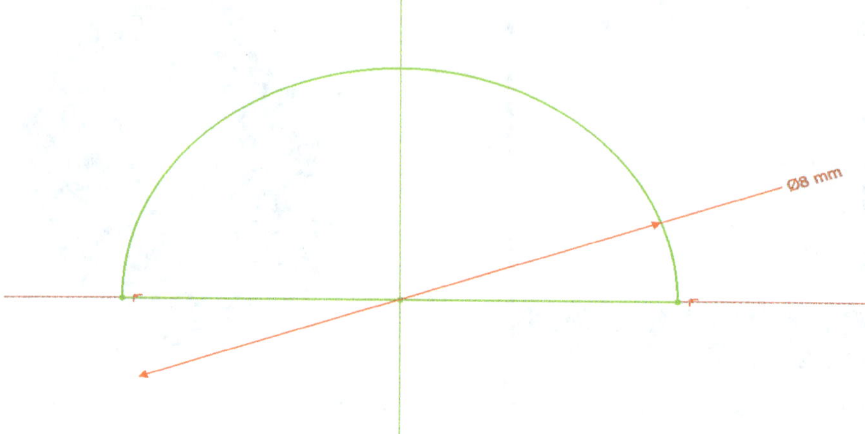

Possiamo quindi ruotare questo schizzo intorno all'asse x per creare una sfera.

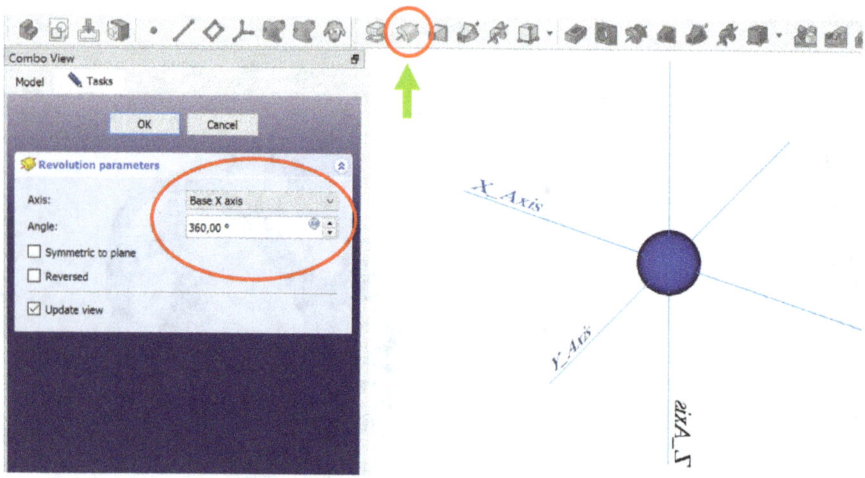

Dopo aver modificato l'aspetto della sfera secondo i nostri desideri, salviamo anche questo documento.

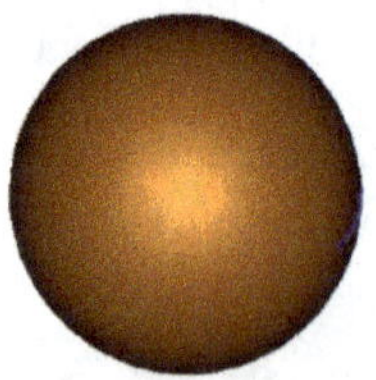

Ora abbiamo creato tutte le singole parti del cuscinetto a sfera e possiamo avventurarci nell'assemblaggio di queste singole parti. Per l'assemblaggio del cuscinetto a sfera creiamo un nuovo documento e passiamo all'area di lavoro "A2plus". In questa area di lavoro aggiungiamo - come di consueto - il primo componente, che in questo caso dovrebbe essere l'anello interno del cuscinetto a sfere. Utilizziamo il comando "Add a part from an external file".

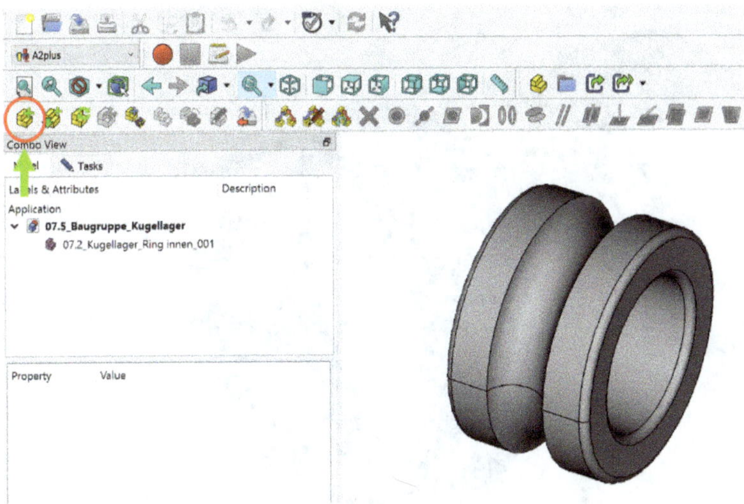

Poi aggiungiamo la gabbia a sfera nello stesso modo e posizioniamola in qualsiasi punto dell'area di lavoro. Per la prima connessione delle due parti, selezioniamo le due superfici del guscio - come mostrato - e aggiungiamo un vincolo concentrico con il comando "Add axis Coincident constraint".

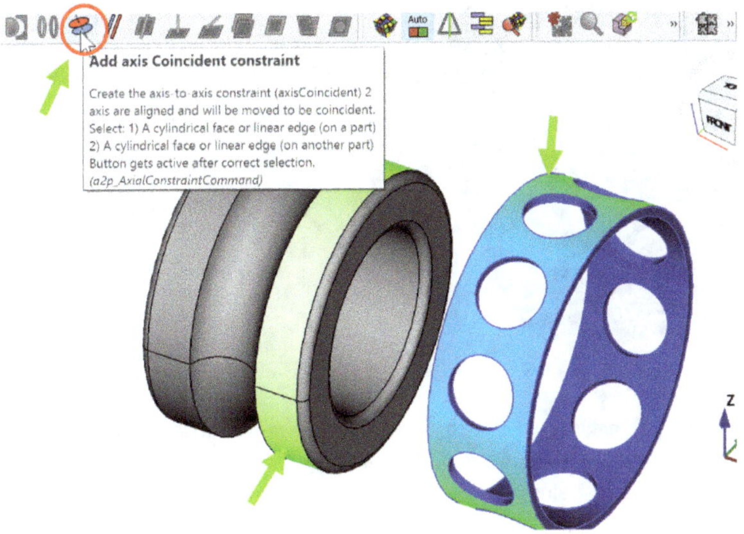

Affinché la gabbia a sfere sia centrata sull'anello interno del cuscinetto a sfere, selezioniamo le due facce laterali delle singole parti nel passaggio successivo e clicchiamo sul comando "Add plane coincident constraint".

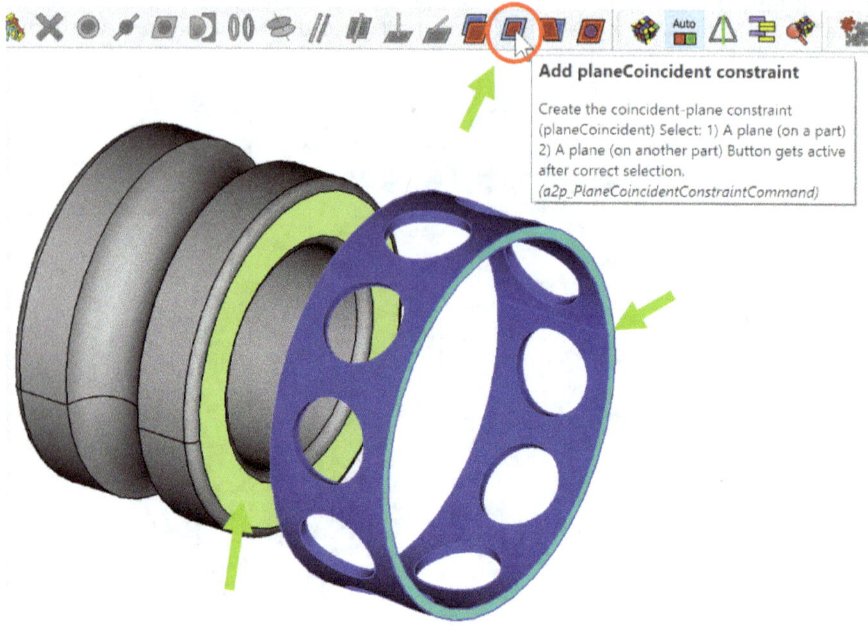

Abbiamo bisogno di un offset di -4 mm in modo che la gabbia della palla sia centrata.

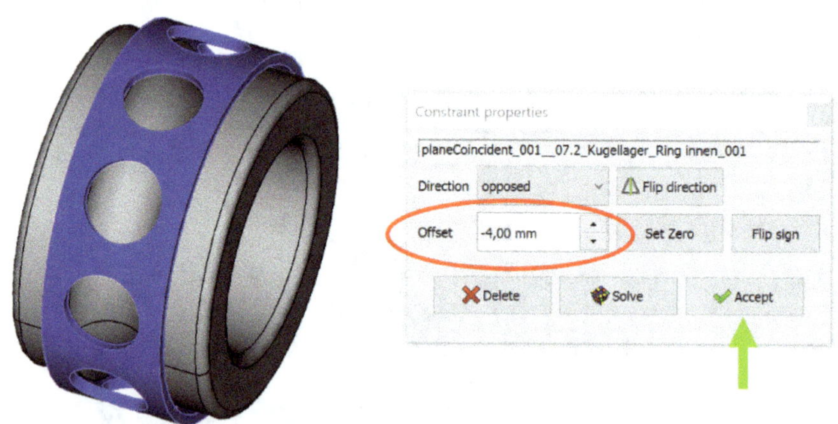

Successivamente, aggiungiamo una sfera all'assieme e la colleghiamo alla gabbia selezionando la sfera e la superficie laterale interna di un foro e selezionando il comando "Add pointOnLine constraint".

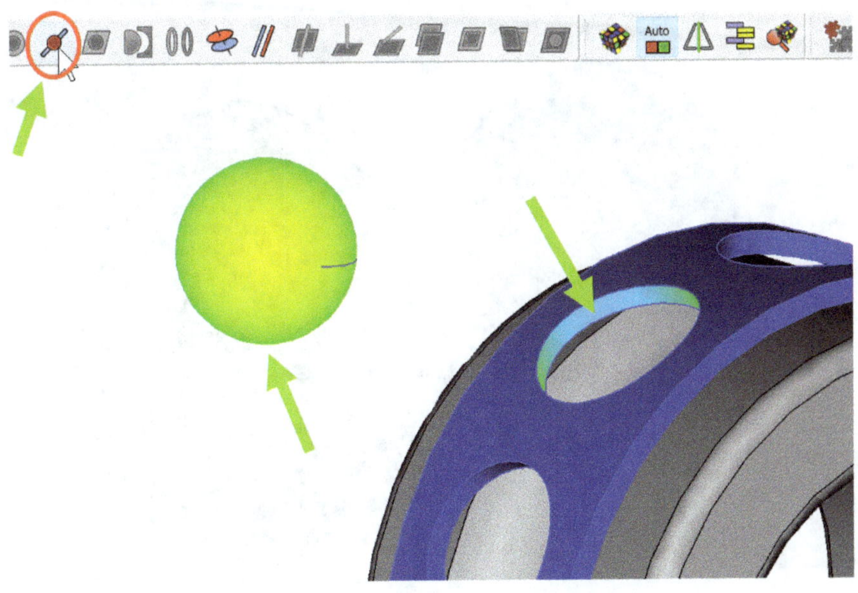

Con l'aiuto del pulsante "Move the selected part under constraints" possiamo spostare la sfera nella posizione desiderata.

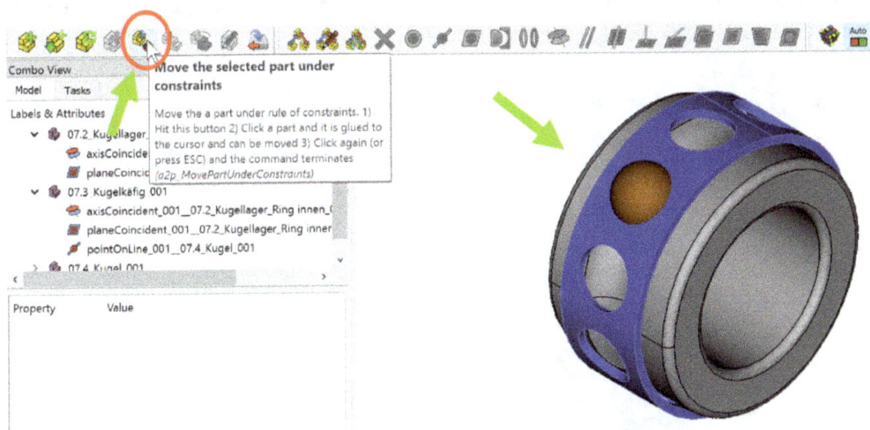

A questo punto dovremo ripetere l'operazione allo stesso modo per tutte le altre nove palline. Sei libero di farlo da solo. Continuiamo con l'anello esterno del cuscinetto a sfera. Per prima cosa aggiungeremo questo elemento all'assemblaggio.

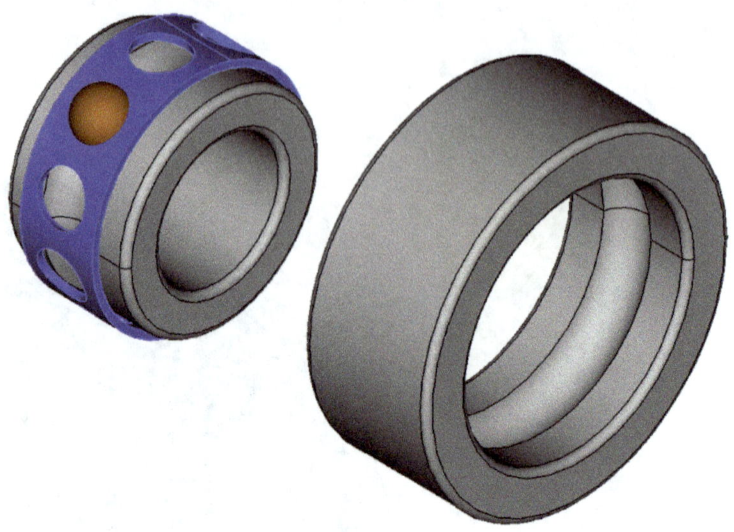

A questo punto il collegamento avviene nello stesso modo del collegamento tra la gabbia a sfere e l'anello interno del cuscinetto a sfere. L'unica differenza è che non abbiamo bisogno di un offset. Sentiti libero di provarlo da solo. Tra l'altro, questo metodo di collegamento di solito porta anche all'obiettivo con altri assiemi.

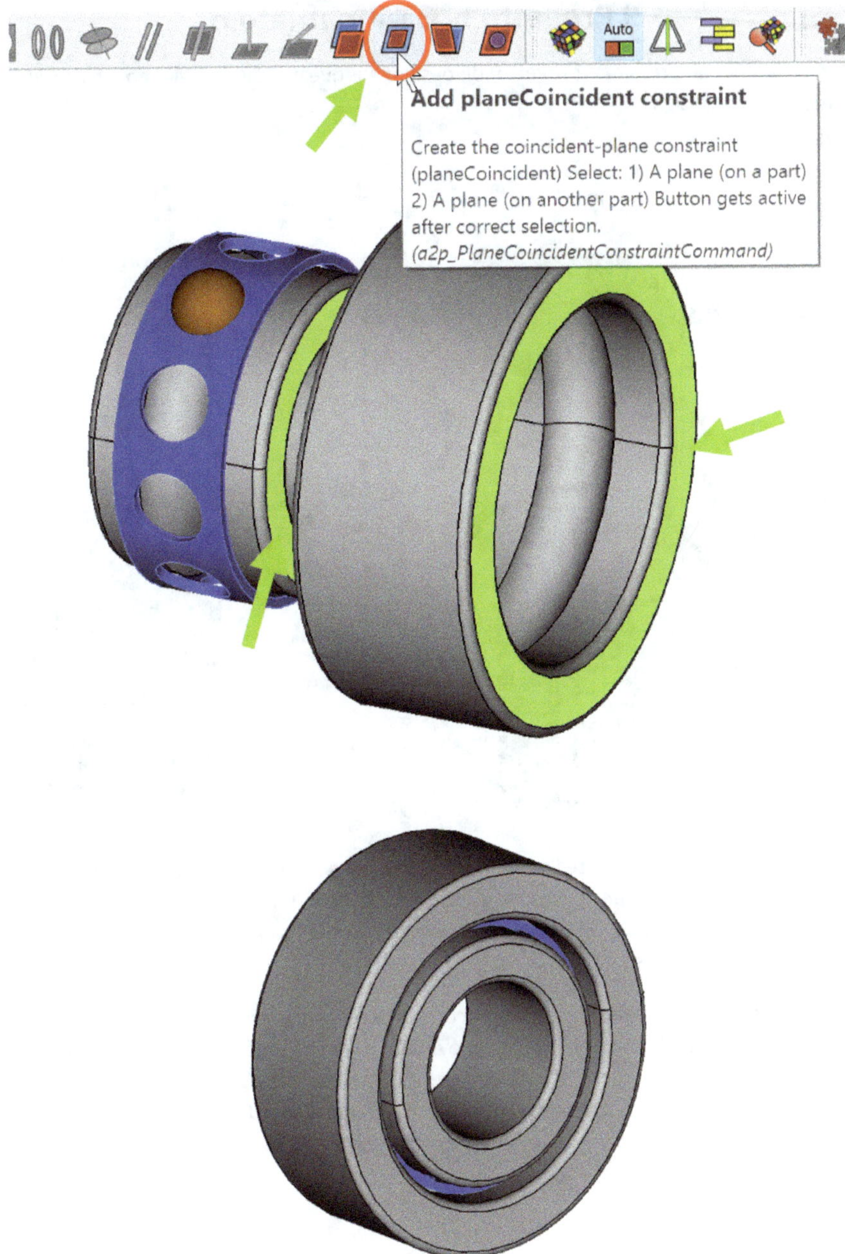

Il prossimo progetto di design sarà un annaffiatoio, prima di costruire un telecomando. Quindi abbiamo ancora molto da fare! Andiamo avanti.

9 Progetto n. 8: Annaffiatoio

Ora passiamo al prossimo progetto di design. In questo caso vogliamo costruire un annaffiatoio di design.

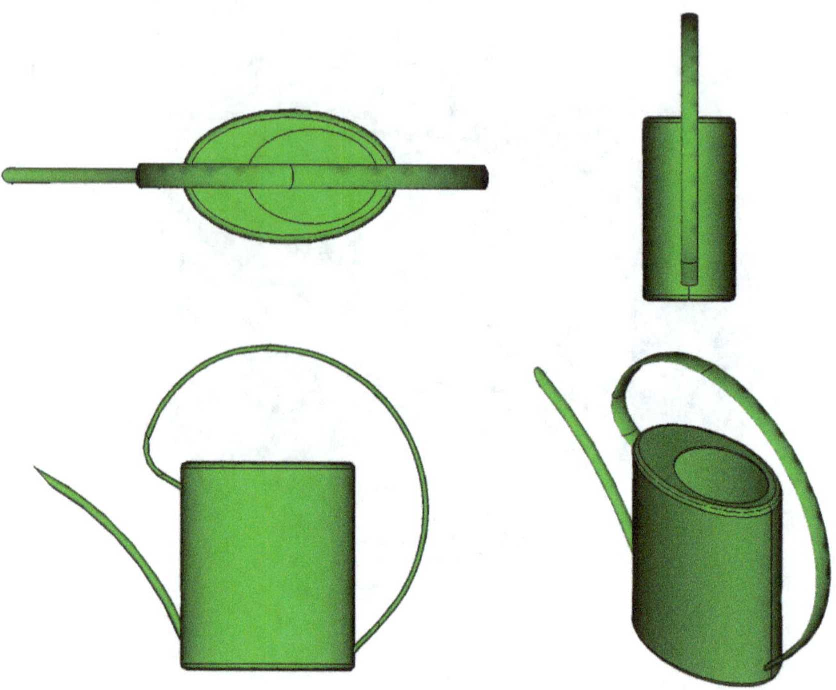

Se scomponiamo mentalmente l'annaffiatoio finito nelle sue singole parti, possiamo vedere che abbiamo bisogno di un corpo ovale e a base cava con un incavo nella zona superiore, oltre a un collo nella zona anteriore e a un manico. In seguito aggiungeremo gli ultimi due elementi al corpo di base.

È sempre molto utile immaginare i singoli corpi di base e pensare a come costruirli. Creiamo uno schizzo 2D sul piano x-y per il corpo ovale di base che vogliamo creare con l'aiuto di un'estrusione. Nello schizzo 2D selezioniamo il comando "Ellipse by center, major radius, point" e poi clicchiamo successivamente sull'origine delle coordinate, sull'asse orizzontale rosso (asse x) e infine su qualsiasi punto del piano di disegno.

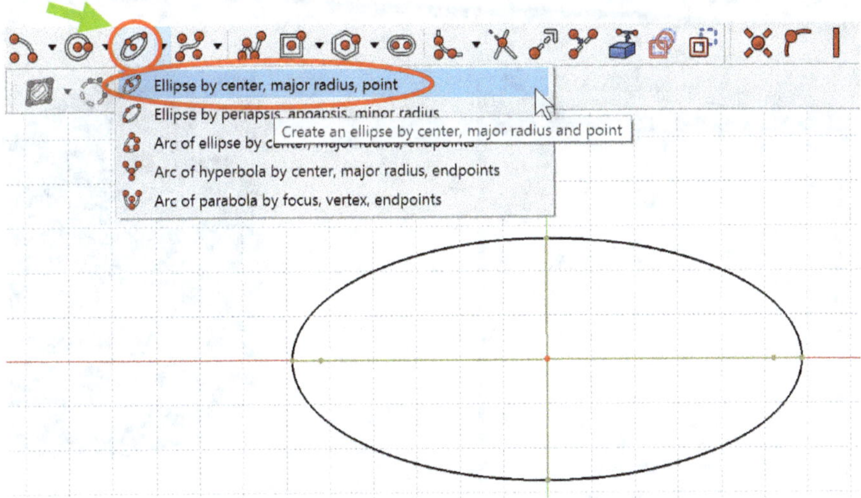

Abbiamo quindi dimensionato la larghezza dell'ellisse a 140 mm e l'altezza a 85 mm.

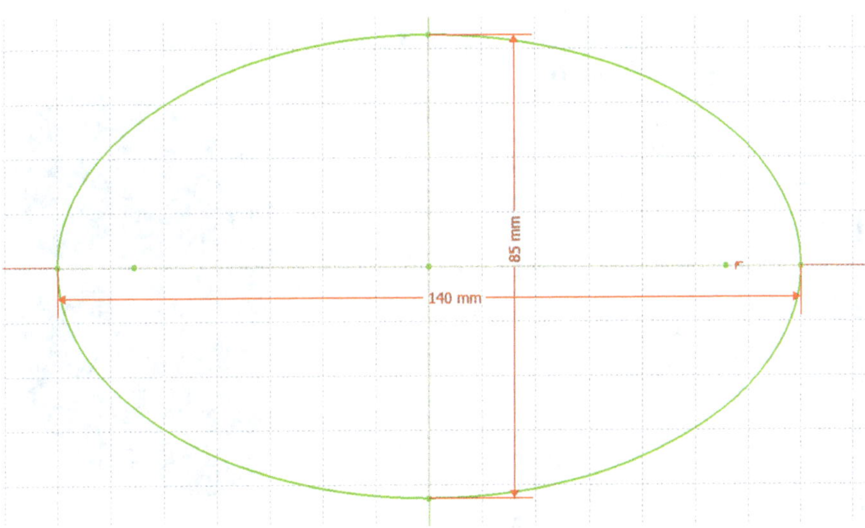

Ora possiamo completare lo schizzo 2D. Ora utilizziamo la funzione "Pad" come di consueto per creare il corpo di base. L'annaffiatoio deve essere alto 160 mm.

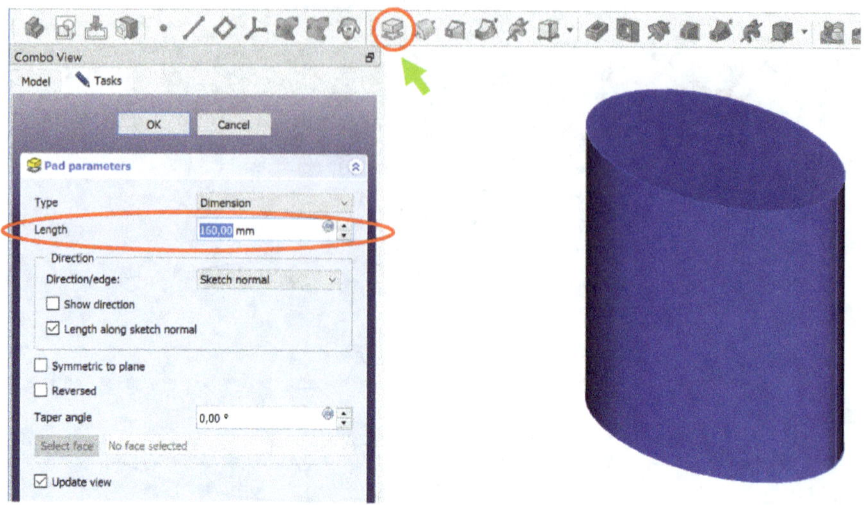

Per poter fissare il collo anteriore dell'annaffiatoio, nella fase successiva creiamo un piano parallelo al piano y-z con una distanza di 65 mm. Lo facciamo con il comando "Create a datum plane". Inseriamo la dimensione di -65 mm nell'opzione "In z-direction". Utilizziamo questa misura perché il collo deve iniziare leggermente all'interno dell'annaffiatoio per garantire una transizione corretta, come vedremo più avanti.

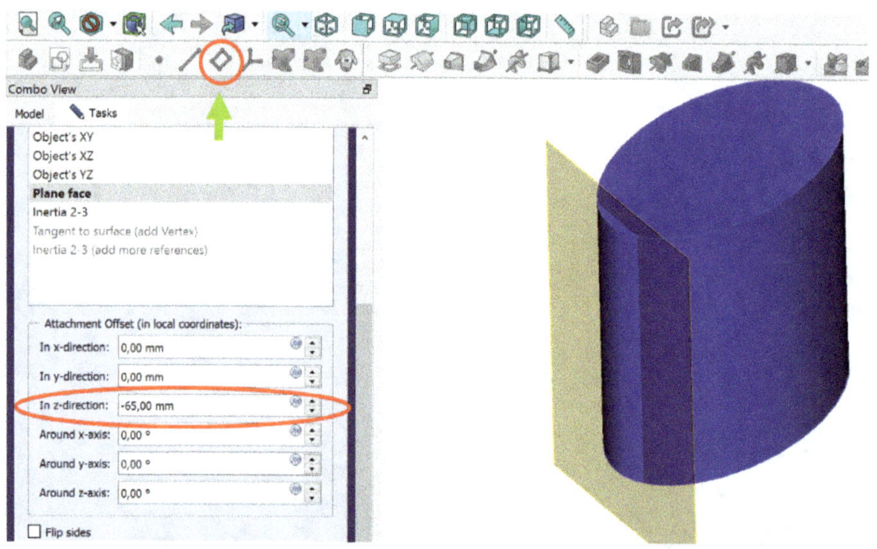

Su questo piano disegniamo un'ellisse come profilo di base per il collo della lattina. Il centro di questa ellisse deve trovarsi sull'asse verticale del disegno e 20 mm sopra il fondo dell'annaffiatoio. Le dimensioni dell'ellisse devono essere le seguenti: 10 mm di larghezza e 20 mm di altezza. È meglio nascondere il corpo di base prima di disegnare.

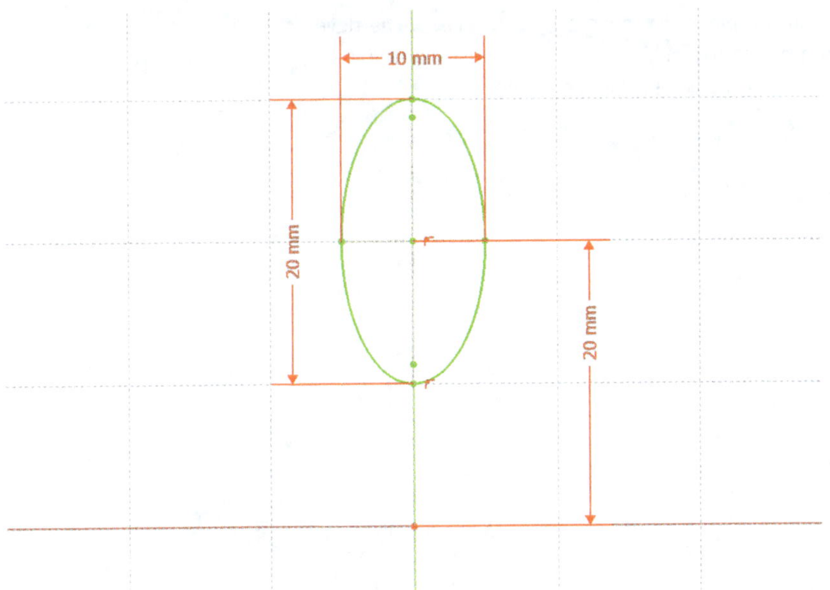

Poi potremo completare lo schizzo. Vogliamo creare il collo dell'annaffiatoio utilizzando la funzione "Additive Pipe".

Come ricorderai dal corso per principianti, per questa funzione abbiamo sempre bisogno di un profilo e di un percorso. Prima di disegnare questo percorso, aggiungiamo il confine anteriore del collo dell'annaffiatoio.

Per farlo, creiamo un altro piano che deve essere parallelo al piano y-z con una distanza di -180 mm.

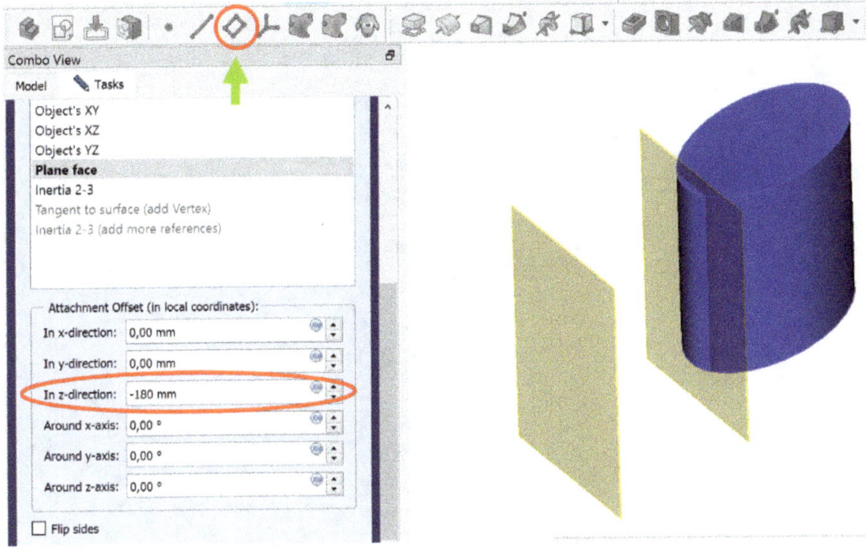

Su questo piano disegniamo un'altra ellisse, che deve essere larga 8 mm e alta 10 mm. Inoltre, il centro dell'ellisse deve trovarsi sull'asse di disegno verde e avere una distanza di 150 mm dall'origine delle coordinate.

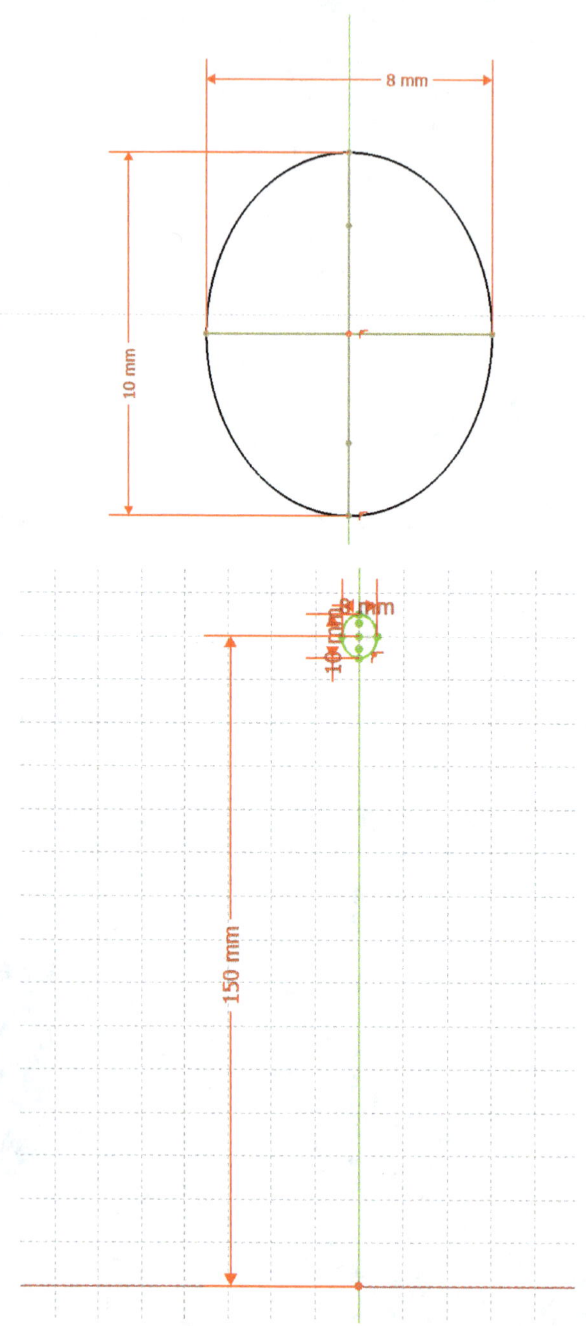

Dopo aver terminato questo schizzo, possiamo iniziare un nuovo schizzo sul piano x-z in cui disegnare il percorso per il comando "Additive Pipe". Il percorso consiste in un segmento ad arco ("End points and rim point") a cui si aggiungono le seguenti dimensioni. Le dimensioni hanno come punto di riferimento l'origine delle coordinate (ad eccezione del raggio).

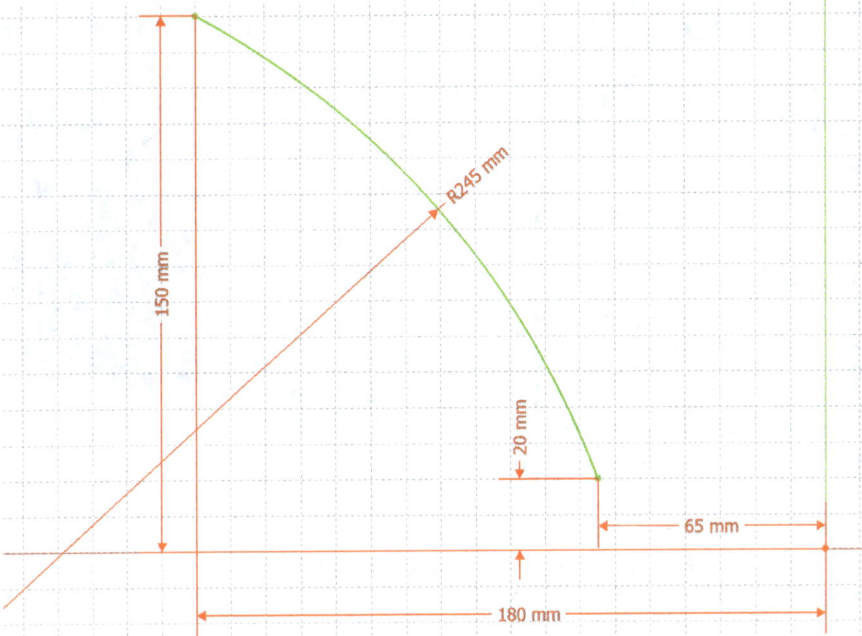

Allora possiamo anche finire questo schizzo. Per eseguire il comando, selezioniamo prima i due schizzi con le ellissi nella struttura ad albero e poi clicchiamo sul comando "Additive Pipe" nella barra degli strumenti.

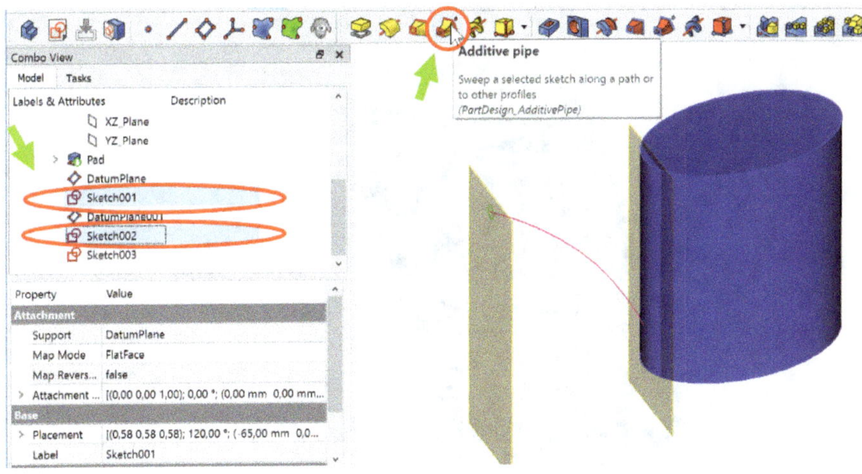

Nel passo successivo dobbiamo determinare il percorso del comando cliccando sul pulsante "Object" nelle impostazioni nel campo "Path to sweep along" e selezionando l'arco disegnato nel piano di disegno. Il programma dovrebbe quindi creare il corpo come desiderato.

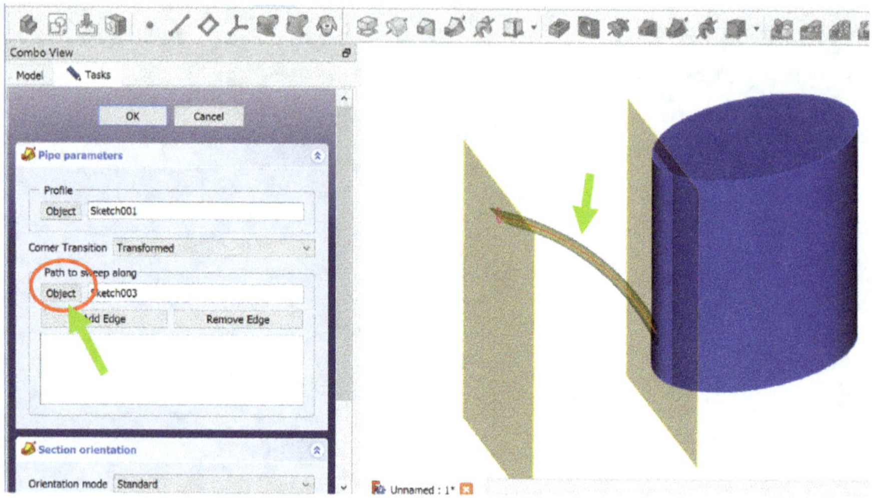

Dopodiché, vogliamo scavare il corpo della base. Come possiamo farlo? Esattamente, con il comando "Thickness"! Per farlo, seleziona prima la superficie superiore e la superficie superiore del collo del barattolo (tenendo premuto il tasto CTRL) e poi clicca sul comando nella barra degli strumenti.

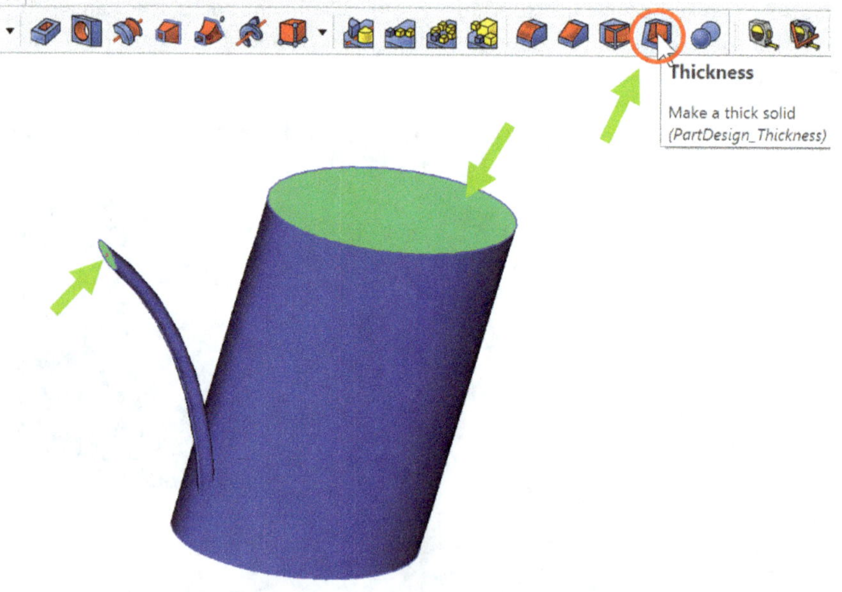

Lo spessore della parete deve essere di 1,5 mm.

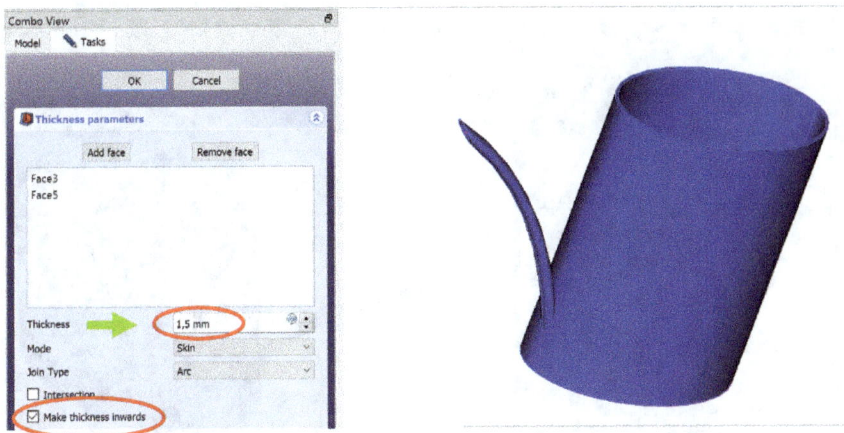

Nella fase successiva creiamo un coperchio con un'apertura di riempimento. Per farlo, disegniamo il seguente profilo in un nuovo schizzo sul bordo superiore dell'annaffiatoio.

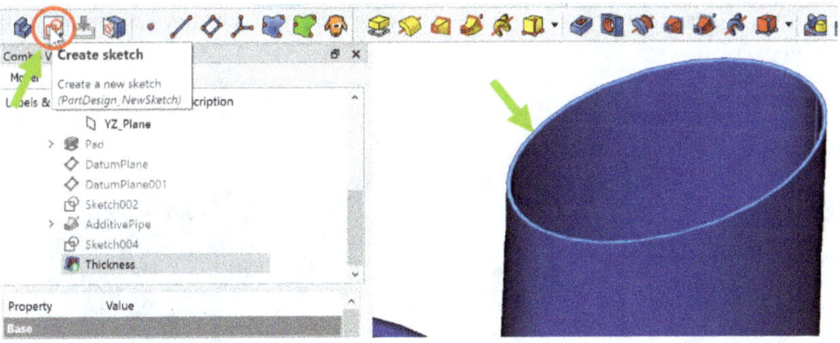

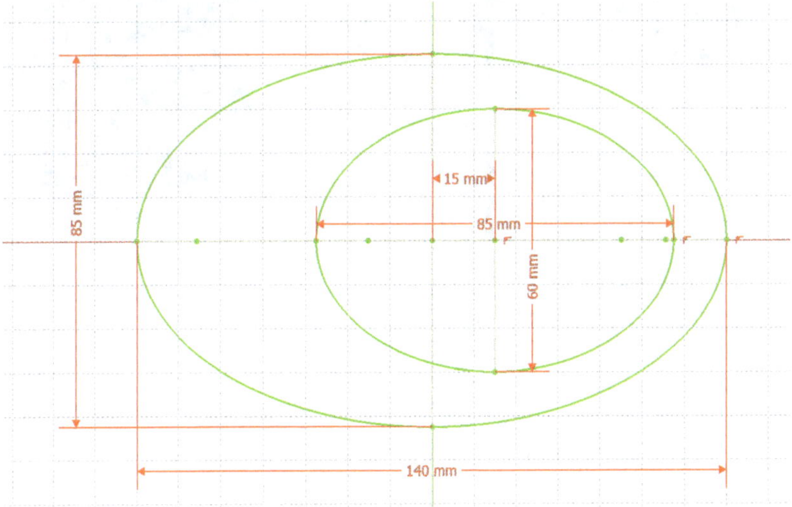

Con l'aiuto del profilo e della funzione "Pad" creiamo un'estrusione alta 1,5 mm.

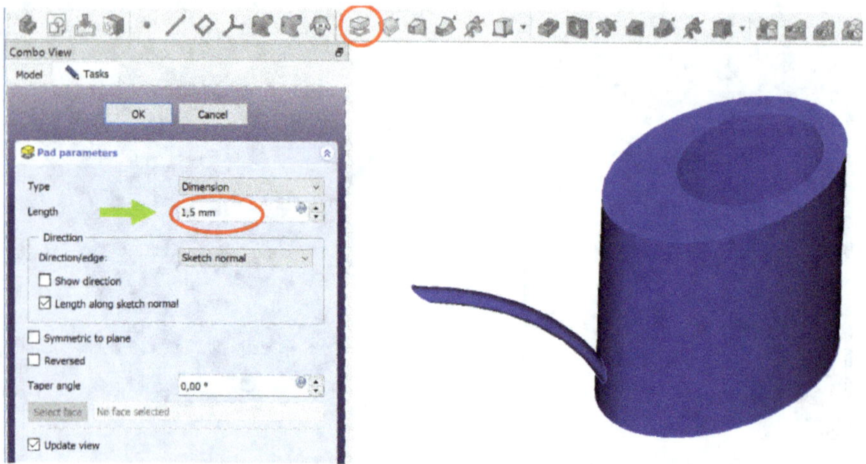

Ora siamo molto lontani, manca solo la maniglia. Creiamo il manico in modo simile al collo dell'annaffiatoio. Anche in questo caso utilizziamo la funzione "Additive Pipe". Come profilo disegniamo un'ellisse nell'area posteriore su un piano "Offset", che deve avere una distanza di 68 mm dal piano y-z.

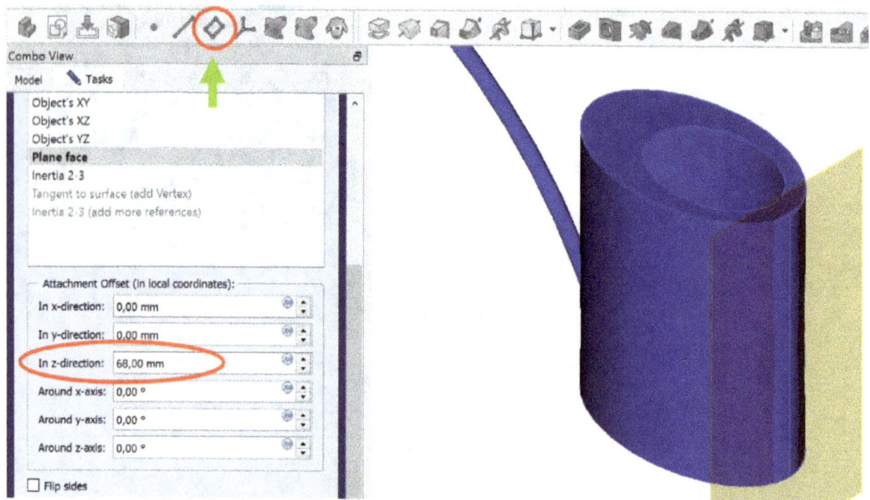

L'ellisse che disegniamo sul piano di offset deve essere larga 15 mm e alta 7 mm, con una distanza verticale dall'origine di 15 mm.

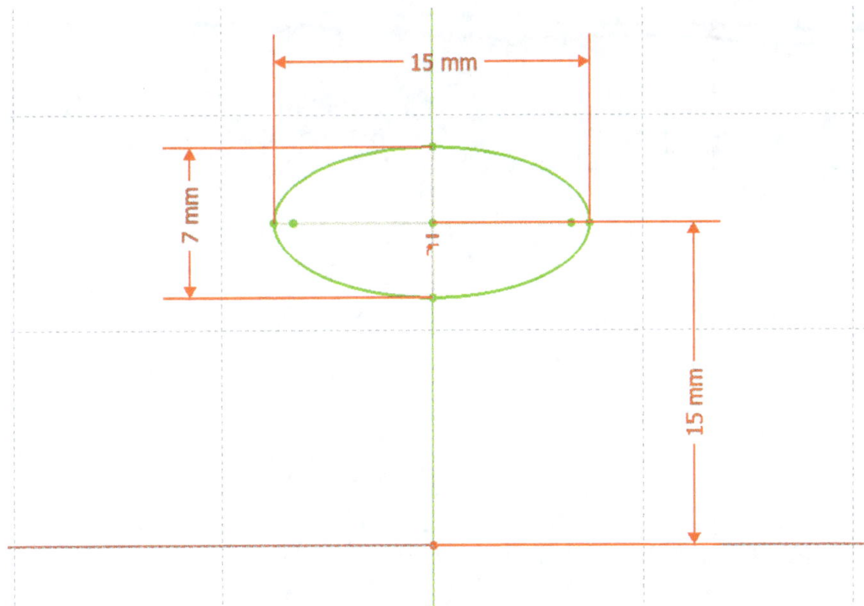

Finiamo lo schizzo e poi creiamo il percorso iniziando uno schizzo sul piano x-z. Il manico dell'annaffiatoio deve essere relativamente affusolato e curvo in termini di design. Per farlo, disegniamo prima una semplice linea che deve iniziare a 68 mm (in orizzontale) e a 15 mm (in verticale) dall'origine. Questa linea deve avere un angolo di 135° rispetto all'asse di disegno rosso e deve essere lunga 30 mm.

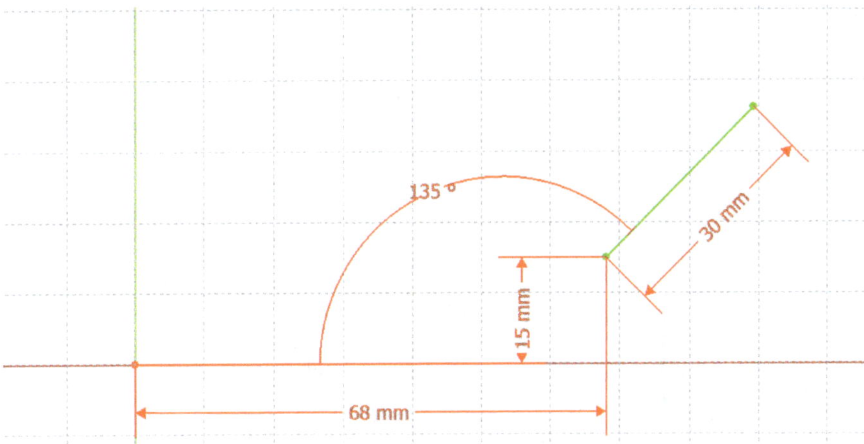

Per l'ulteriore percorso della maniglia disegniamo un profilo molto curvo. Per questo aggiungiamo un arco di 3 punti ("End points and rim point") tra il punto finale della linea lunga 30 mm e l'asse di disegno verticale. Nell'area inferiore l'arco deve essere tangenziale alla linea (crea il vincolo "Constrain tangent") e deve avere una dimensione di 250 mm rispetto all'origine delle coordinate.

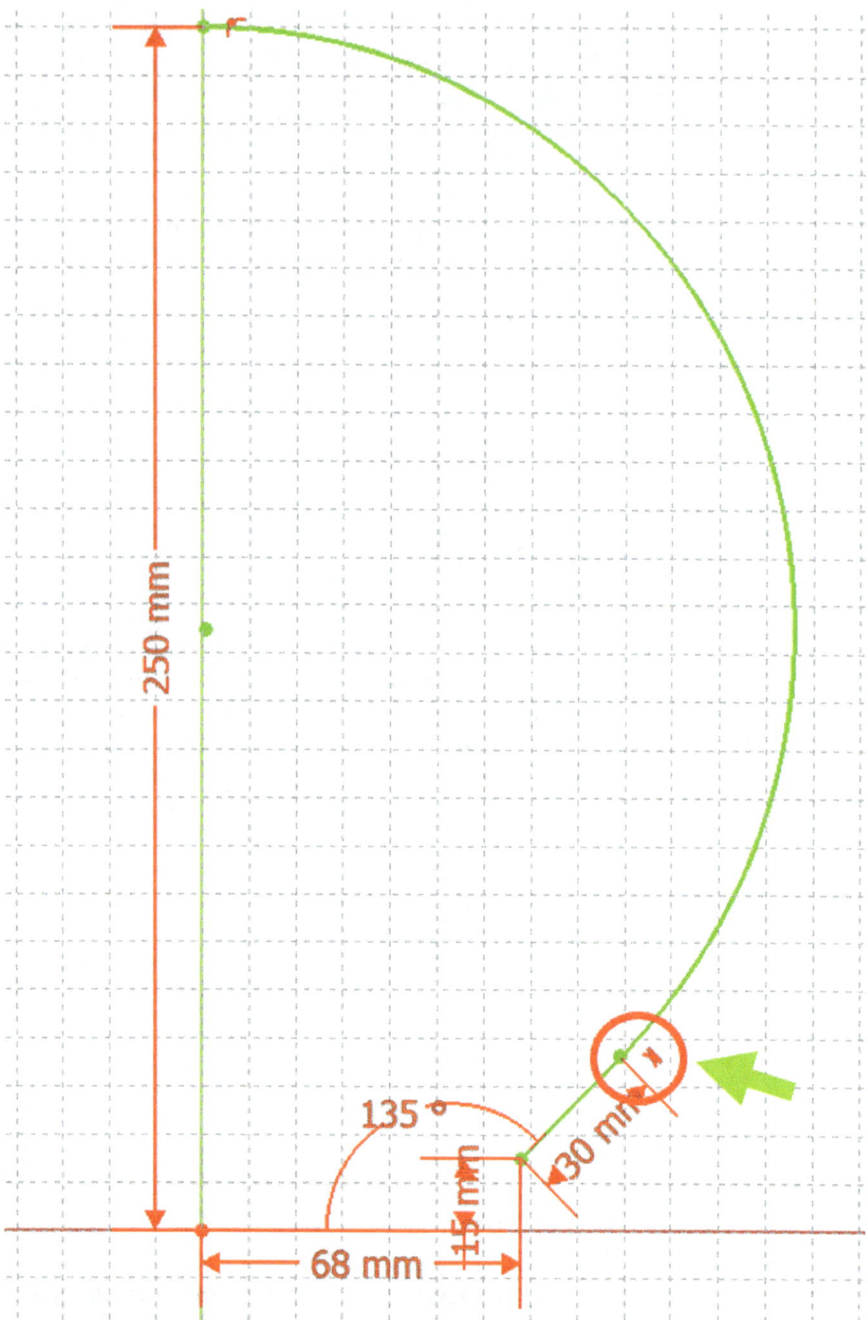

Poi aggiungiamo un'altra linea nella parte anteriore dell'annaffiatoio. La linea deve essere lunga 40 mm, avere un angolo di 30° rispetto all'asse di disegno orizzontale e una distanza verticale di 140 mm e orizzontale di 66 mm dall'origine delle coordinate.

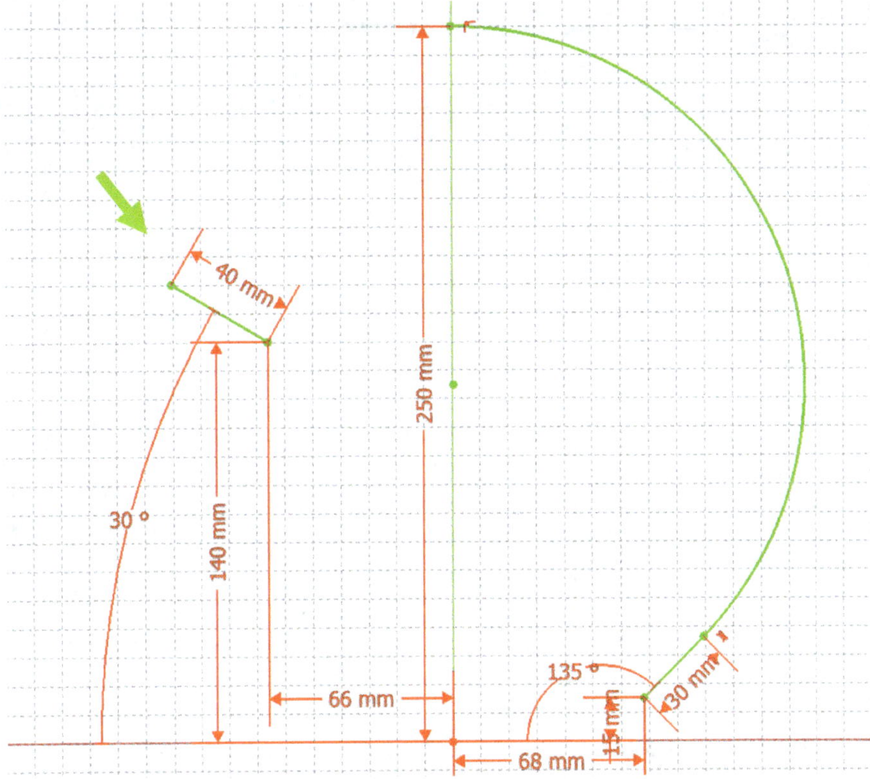

Completeremo il percorso con un altro arco di 3 punti ("End points and rim point"), che imposteremo nell'area dell'asse di disegno verticale tangente al primo arco di 3 punti.

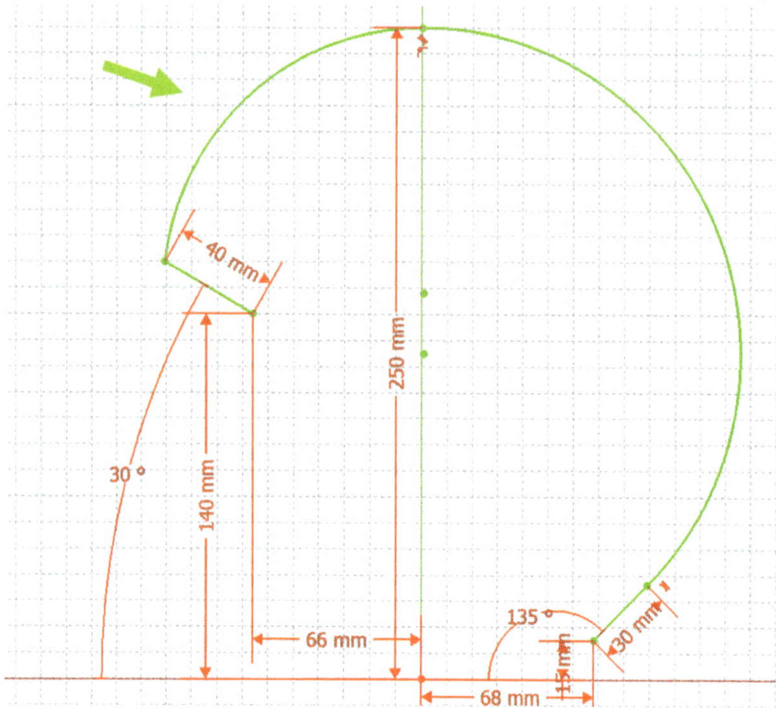

Arrotondiamo l'area frontale con il comando "Constraint-preserving sketch fillet".

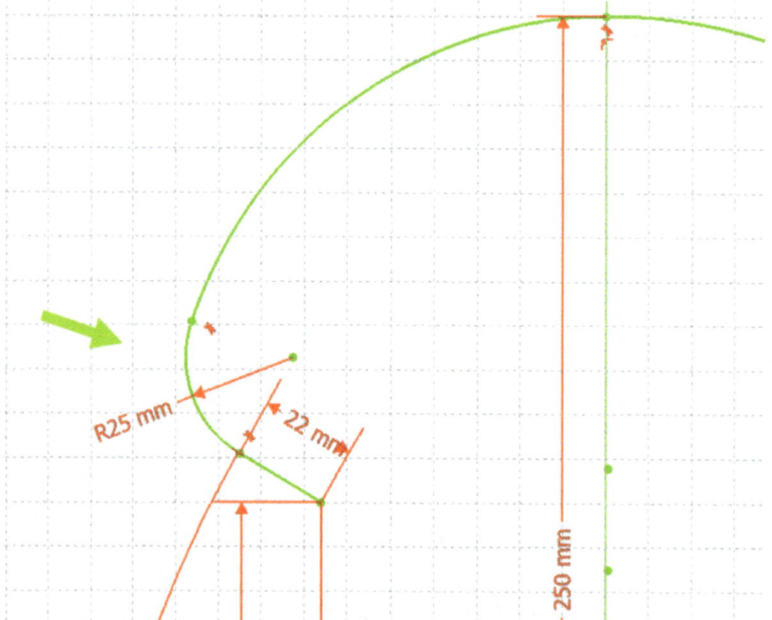

Per il raccordo dimensioniamo l'arco risultante con un raggio di 25 mm e la lunghezza del segmento di linea accorciato con 22 mm. A questo punto lo schizzo è completamente definito e può essere chiuso.

Dopo aver completato lo schizzo, possiamo creare la maniglia con il comando "Additive Pipe". Per farlo, selezioniamo prima il profilo disegnato per la forma della maniglia (ellisse) e poi clicchiamo sul comando nella barra degli strumenti. Poi clicchiamo sul pulsante "Object" nelle impostazioni per selezionare il percorso nel piano di disegno.

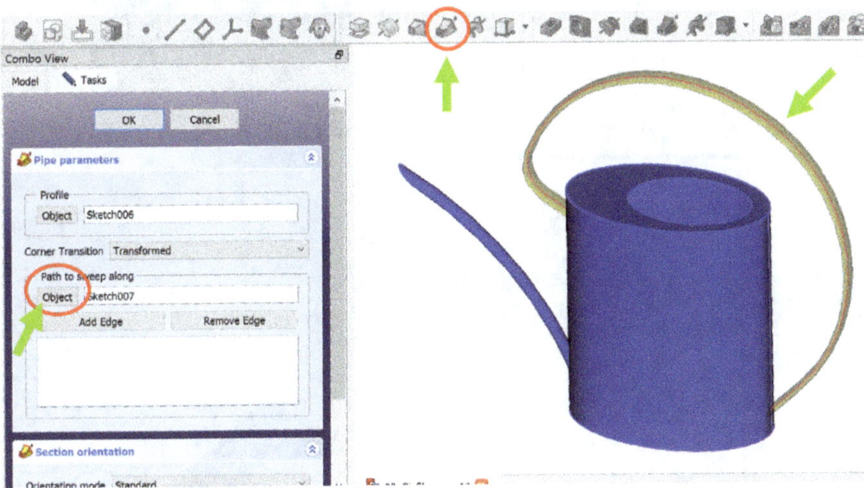

A proposito: se si verifica un errore, puoi fare clic su di esso. L'errore si verifica solo perché il programma non riconosce un profilo come percorso. Ma selezioniamo il percorso manualmente.

Nel penultimo passaggio creiamo alcuni filetti come segue: 5 mm per i bordi superiori e inferiori, 2 mm per i bordi delle parti del canale di colata (basta cliccare sulla superficie del guscio del corpo base) e 0,3 mm per il bordo superiore del beccuccio del barattolo.

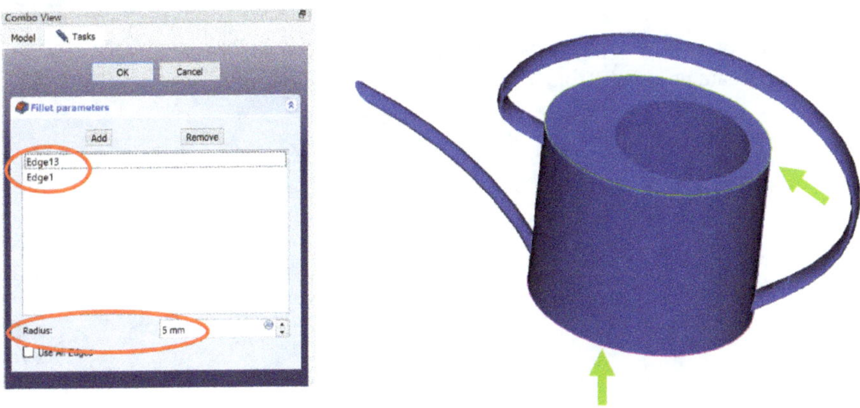

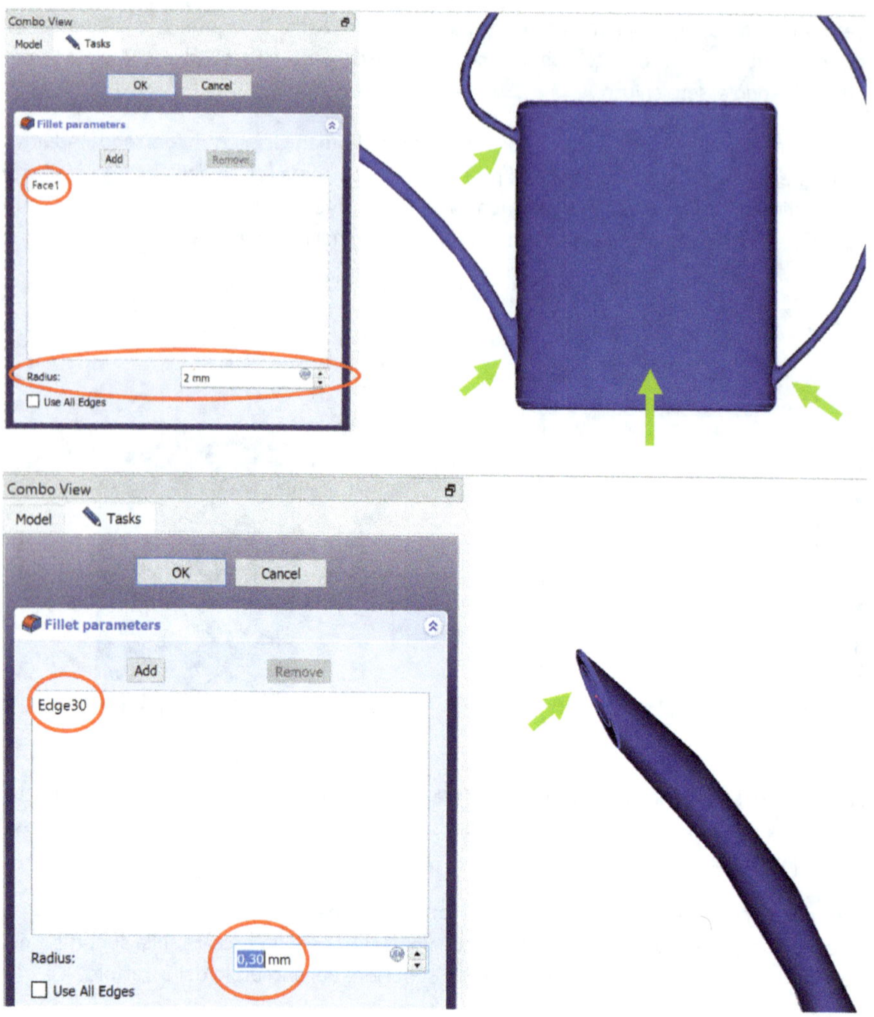

Eccellente! Come ultimo passo, vorremmo modificare un po' l'aspetto. Ad esempio, potremmo creare un annaffiatoio di plastica verde.

Ora l'abbiamo fatto. L'annaffiatoio è finito. A proposito, puoi stampare i modelli 3D che stiamo costruendo qui con una stampante 3D. Se sei interessato a questo argomento, ti consiglio di seguire il mio corso per principianti sulla stampa 3D! Puoi trovare informazioni al riguardo nelle ultime pagine di questo libro.

Nel prossimo capitolo costruiremo la custodia di un telecomando. Andiamo avanti!

10 Progetto n. 9: Controllo remoto

In questo capitolo vogliamo costruire un telecomando che avrà un vano batterie con un coperchio scorrevole e alcuni pulsanti. Normalmente, un telecomando di questo tipo non viene costruito in un unico pezzo, ma con diverse parti stampate a iniezione. In questo caso, però, costruiremo solo un manichino, composto da due pezzi.

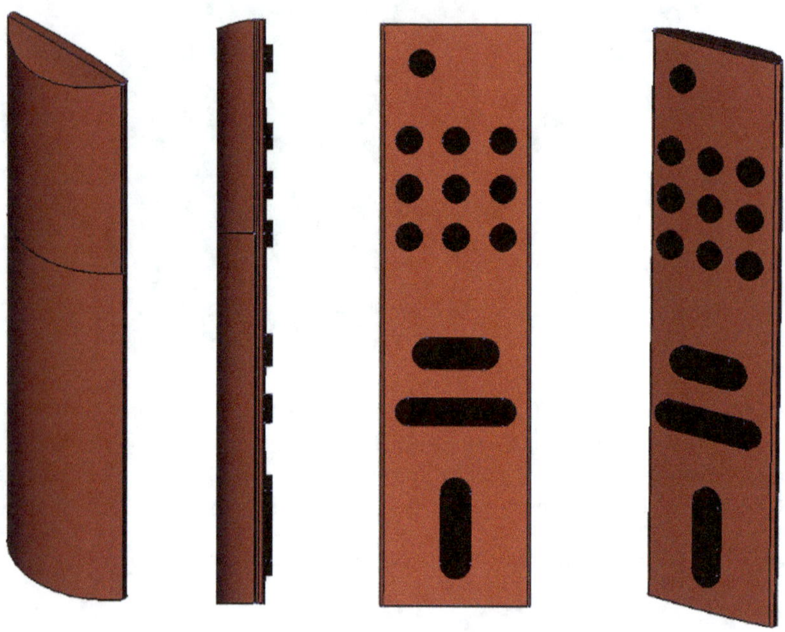

Per il corpo di base, che ha una forma ovale e che creeremo tramite estrusione, abbiamo bisogno innanzitutto di uno schizzo 2D sul piano x-y. Iniziamo a definire la forma della sezione trasversale con due linee verticali lunghe 2 mm, una delle quali posizionata a sinistra e una a destra dell'origine. La distanza tra queste due linee deve essere di 40 mm. La distanza tra una linea e l'origine deve essere di 20 mm in modo che le linee siano simmetriche rispetto alla linea centrale. Segue un arco a 3 punti che collega la parte inferiore e che deve avere un raggio di 25 mm.

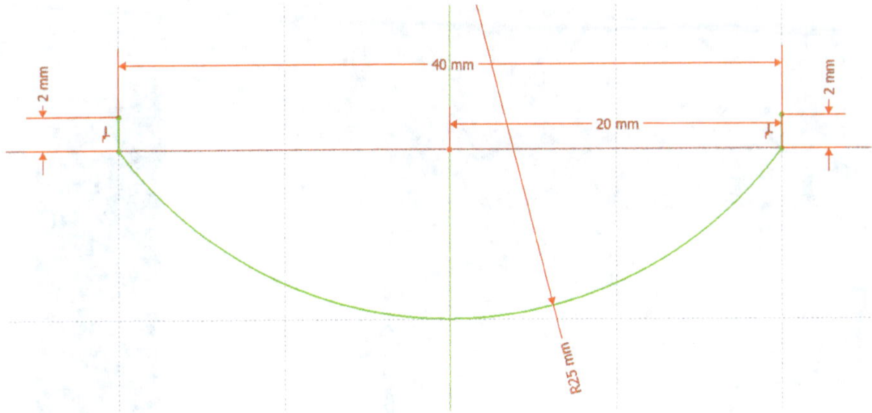

Posizioniamo un altro arco con un raggio di 200 mm sul lato superiore.

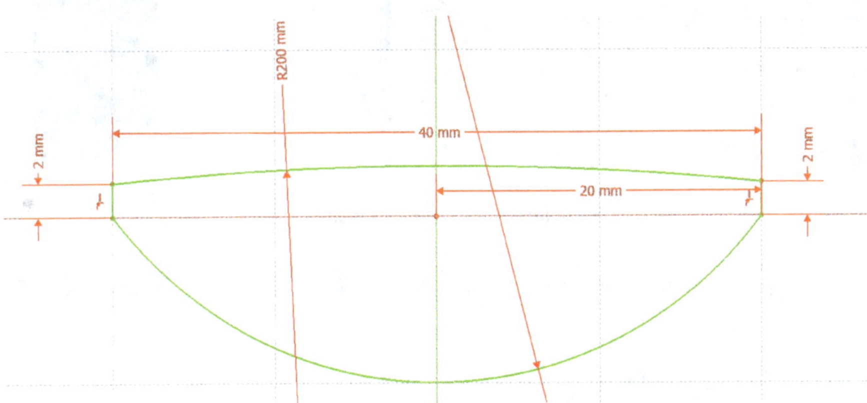

Poi possiamo chiudere lo schizzo e creare il corpo con un'estrusione simmetrica con una distanza di 75 mm l'una dall'altra. A questo scopo utilizziamo il comando "Pad" come di consueto e l'impostazione "Two dimensions".

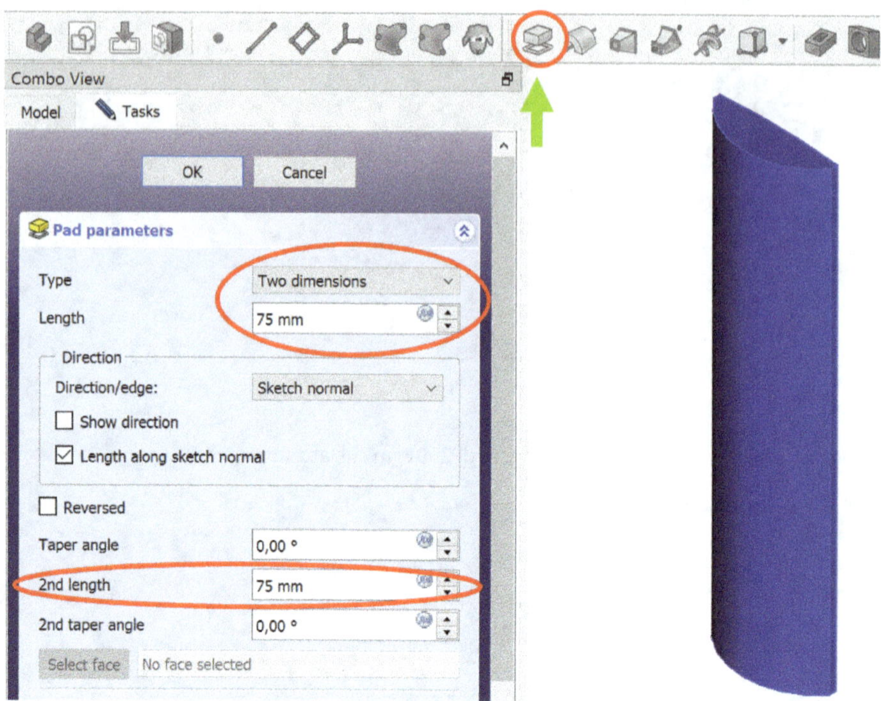

Poi arrotondiamo i quattro bordi laterali di 1 mm ciascuno.

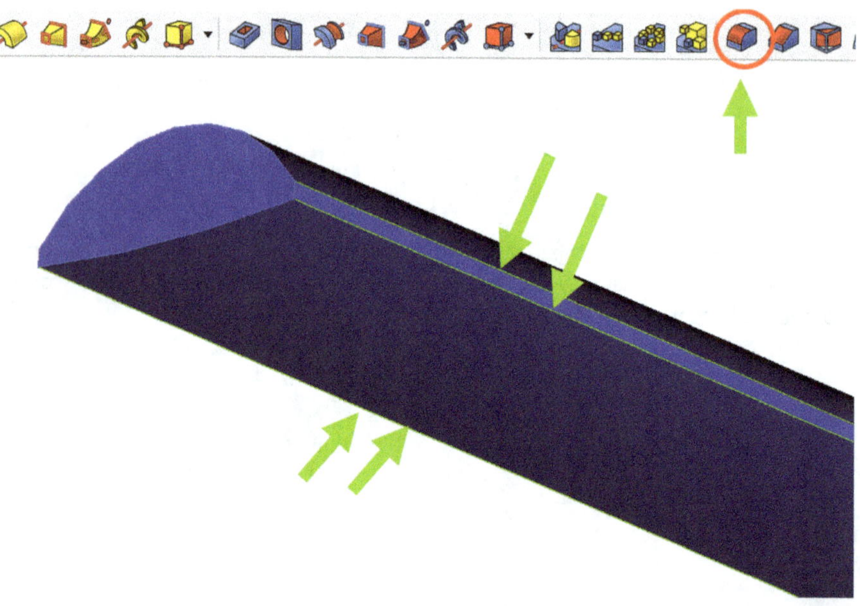

Poi vogliamo smussare un po' la superficie superiore del telecomando. Lo facciamo con un profilo sulla superficie laterale, che poi utilizziamo per rimuovere il materiale dal corpo della base. Disegniamo il profilo sul piano y-z nell'area superiore del telecomando. Il modo migliore per farlo è nascondere il corpo principale. La geometria iniziale è una linea orizzontale che inizia sulla linea centrale verticale. Questa linea deve essere lunga 10 mm e avere una distanza di 75 mm dall'asse di schizzo orizzontale rosso. All'estremità di questa linea posizioniamo una linea verticale lunga 2,5 mm.

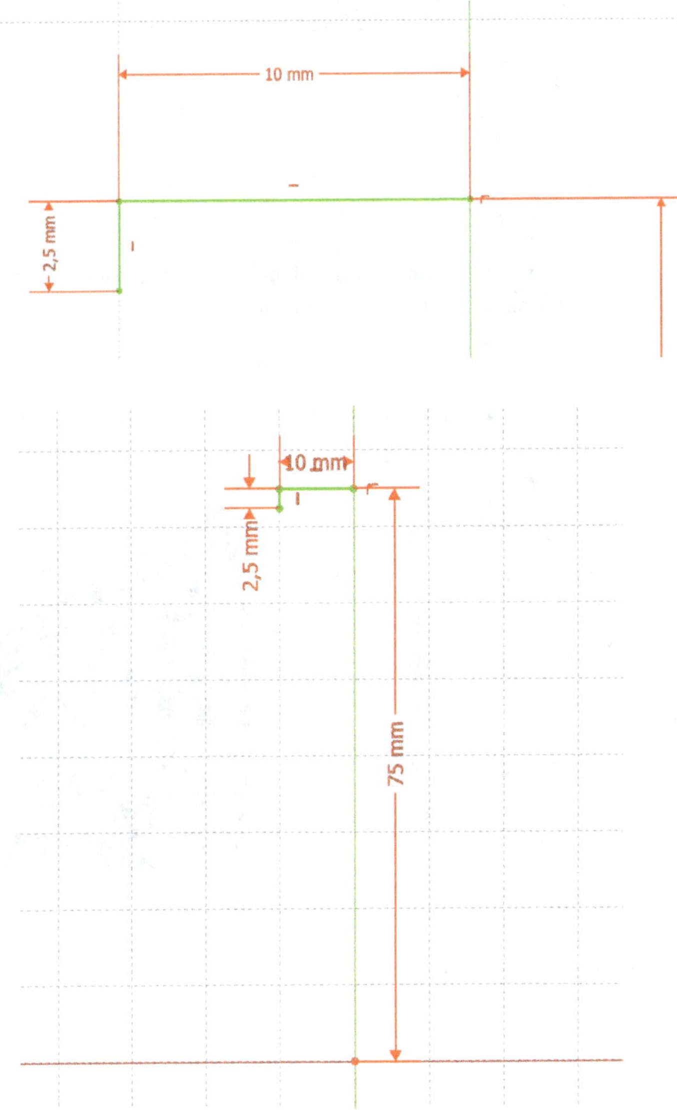

Colleghiamo i due punti finali della geometria con un arco di 3 punti. Il raggio è di 40 mm.

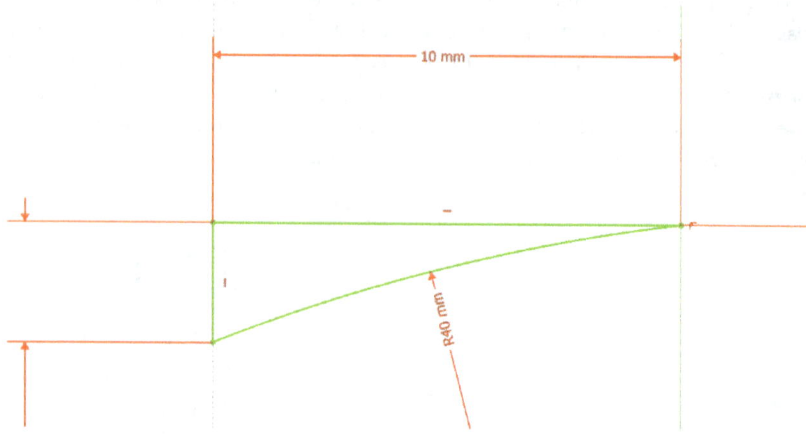

Ora che abbiamo disegnato il piano centrale, dobbiamo ritagliare il profilo dal centro, ad esempio 20 mm in due direzioni, utilizzando il comando "Pocket".

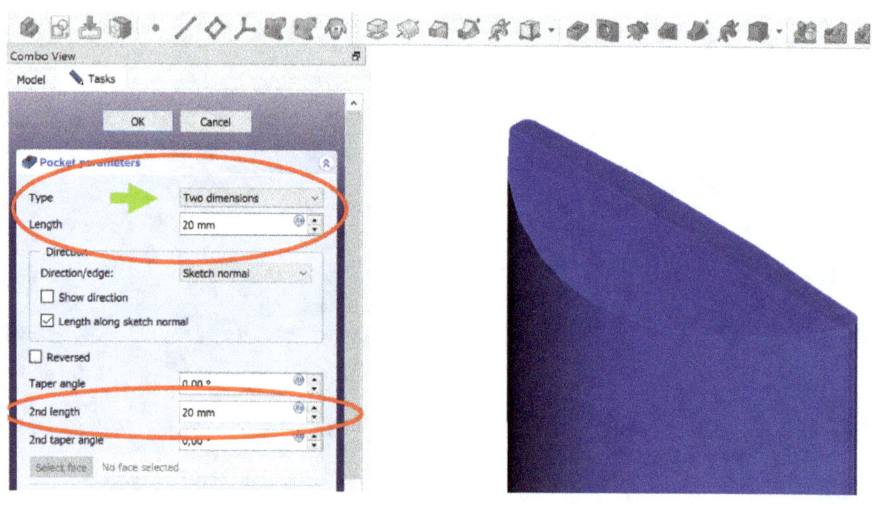

Quindi creiamo un piano sfalsato di 20 mm rispetto al piano x-y per fare uno schizzo su di esso per il taglio del coperchio della batteria.

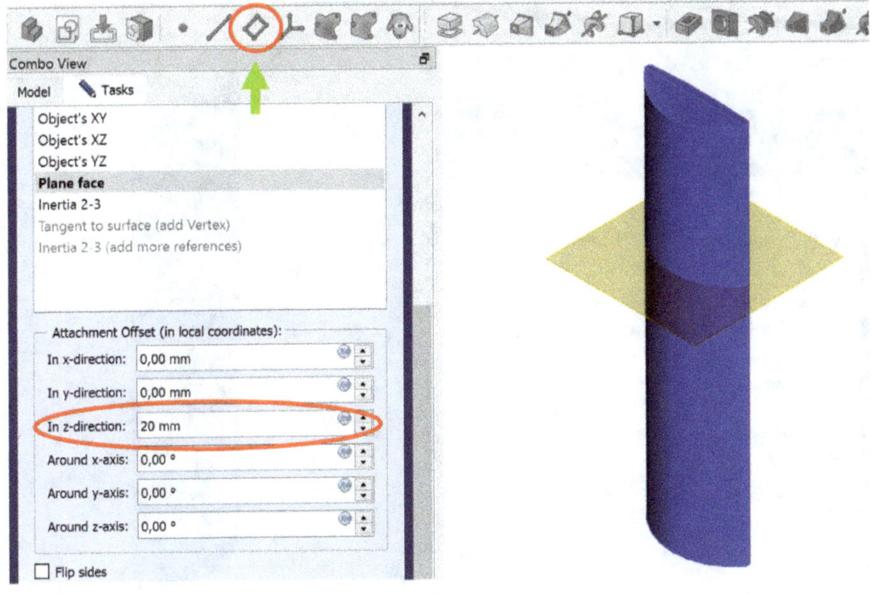

A questo livello delineiamo il seguente profilo:

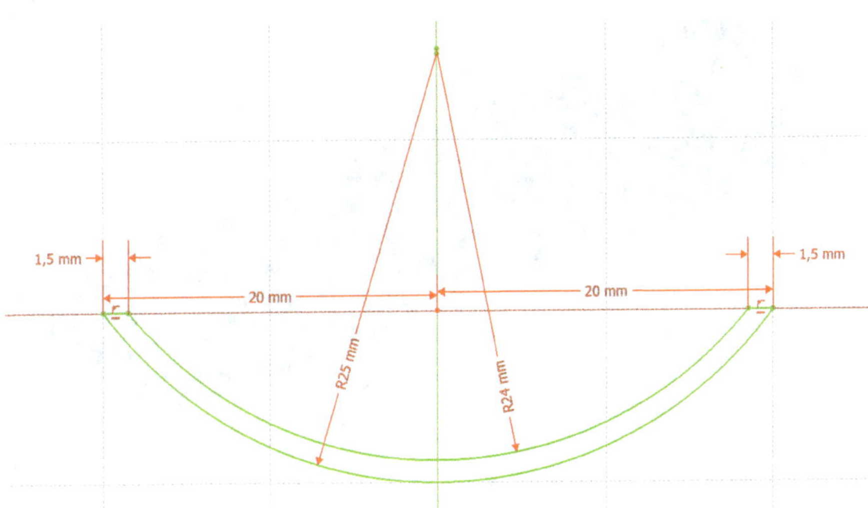

Con questo profilo e utilizzando il comando "Pocket" rimuoviamo il materiale nella lunghezza di 95 mm (direzione: verso il basso).

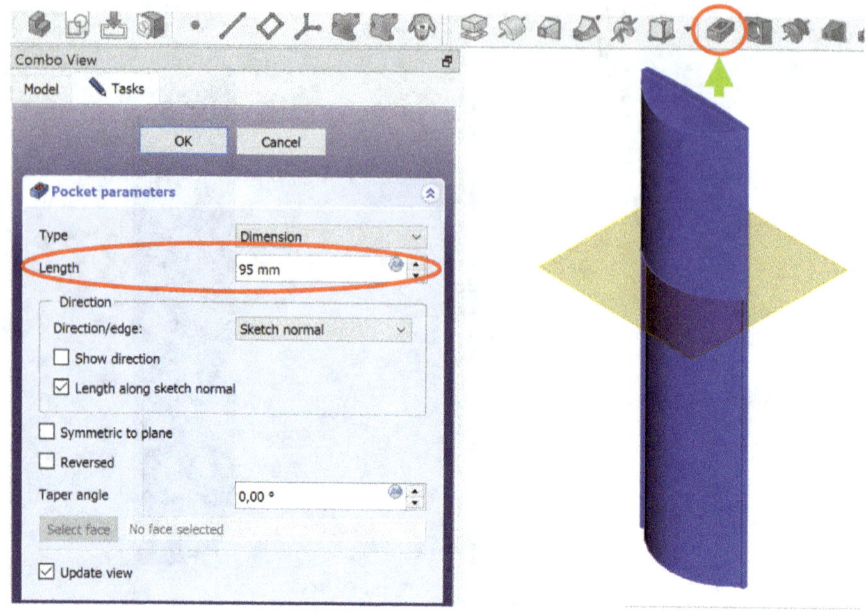

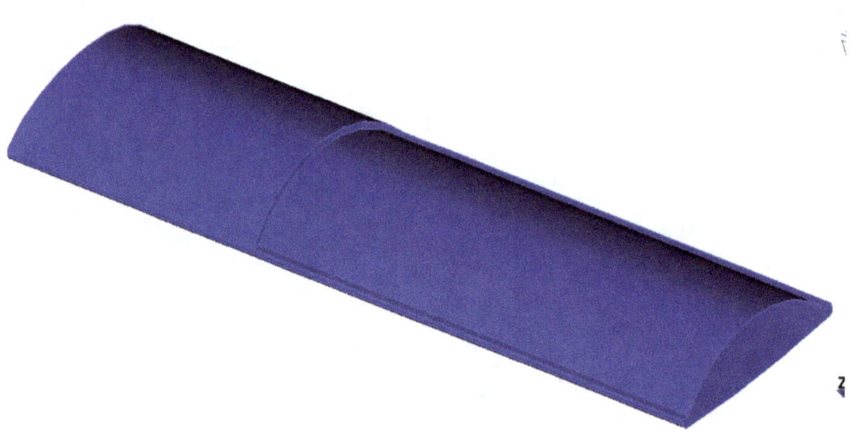

Poi creiamo un ritaglio per rappresentare il vano batteria. Creiamo un piano parallelo al piano x-z con una distanza di 2,5 mm.

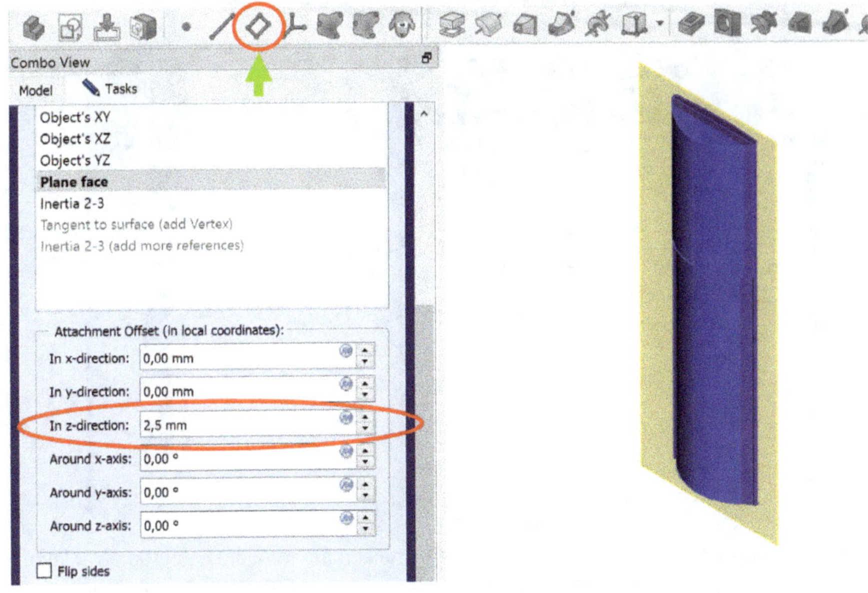

Su questo piano disegniamo il seguente profilo rettangolare:

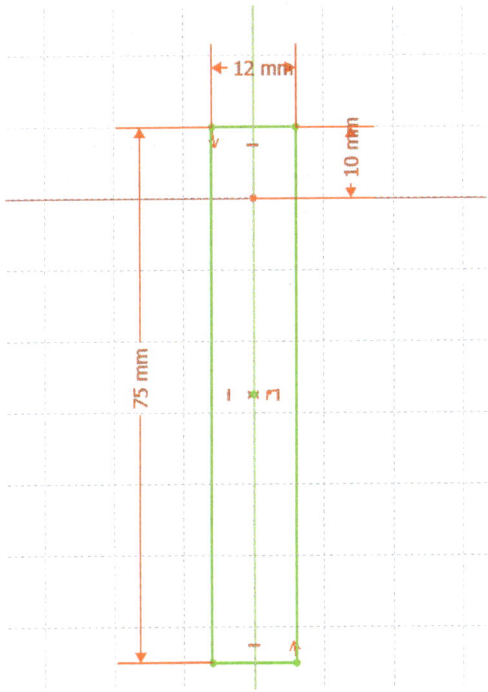

Con il comando "Pocket" creiamo il taglio (10 mm) e otteniamo così il vano batteria. Probabilmente dovrai attivare l'opzione "Reversed".

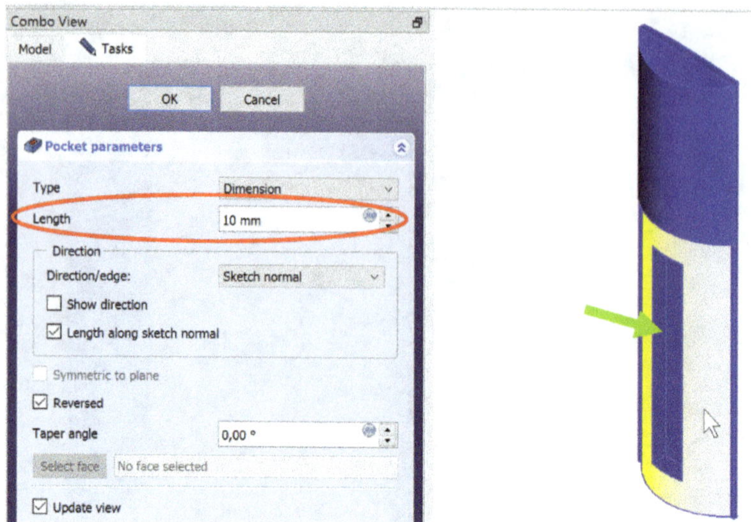

Affinché la parte anteriore non rimanga vuota come al momento, ora ci mettiamo al lavoro sugli schizzi dei pulsanti del telecomando. Per farlo, creiamo uno schizzo sul piano x-z del corpo. Estrudiamo i pulsanti dall'interno del telecomando. Dobbiamo farlo perché la superficie frontale del telecomando è curva. Se dovessimo disegnare su questa superficie curva, le transizioni laterali dei pulsanti non sarebbero collegate alla superficie. Prova a fare pratica e capirai cosa intendo.

Quindi, come prima, facciamo uno schizzo sul piano x-z. Per il primo pulsante, quello di accensione/spegnimento, disegniamo un cerchio con un diametro di 7 mm in alto a destra e posizioniamo il cerchio a 9 mm (in orizzontale) o 65 mm (in verticale) rispetto all'origine. Anche al pulsante successivo viene assegnato un cerchio di 7 mm, che deve essere posizionato a 12,5 mm (in orizzontale) o 45 mm (in verticale) rispetto all'origine.

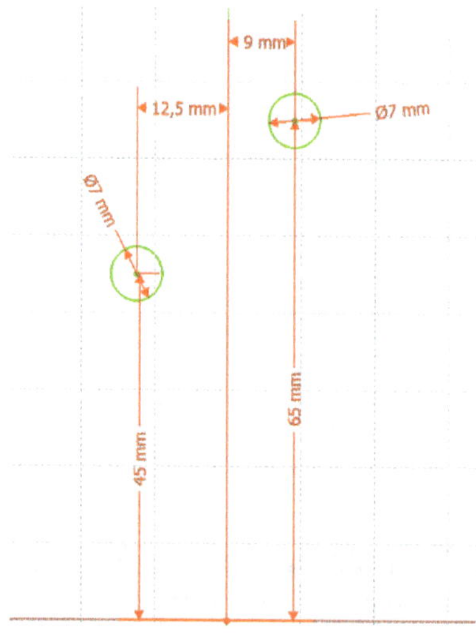

Ora creeremo una tastiera composta da un totale di nove pulsanti. Per farlo, disegniamo altri otto cerchi, ciascuno con un diametro di 7 mm, come mostrato. Per evitare di dover dimensionare ogni cerchio, è meglio utilizzare il vincolo "Constrain Equal" per rendere ogni cerchio identico al primo. La distanza tra i centri dei cerchi deve essere di 12,5 mm. Inoltre, dimensioniamo queste distanze solo una volta per riga o colonna. Per garantire che lo schizzo sia completamente definito, utilizziamo anche qui dei vincoli. Con i vincoli "Constrain horizontally" o "Constrain vertically" possiamo impostare i centri dei cerchi in orizzontale o in verticale. Per farlo, clicca prima sul comando e poi seleziona i due centri di due cerchi adiacenti.

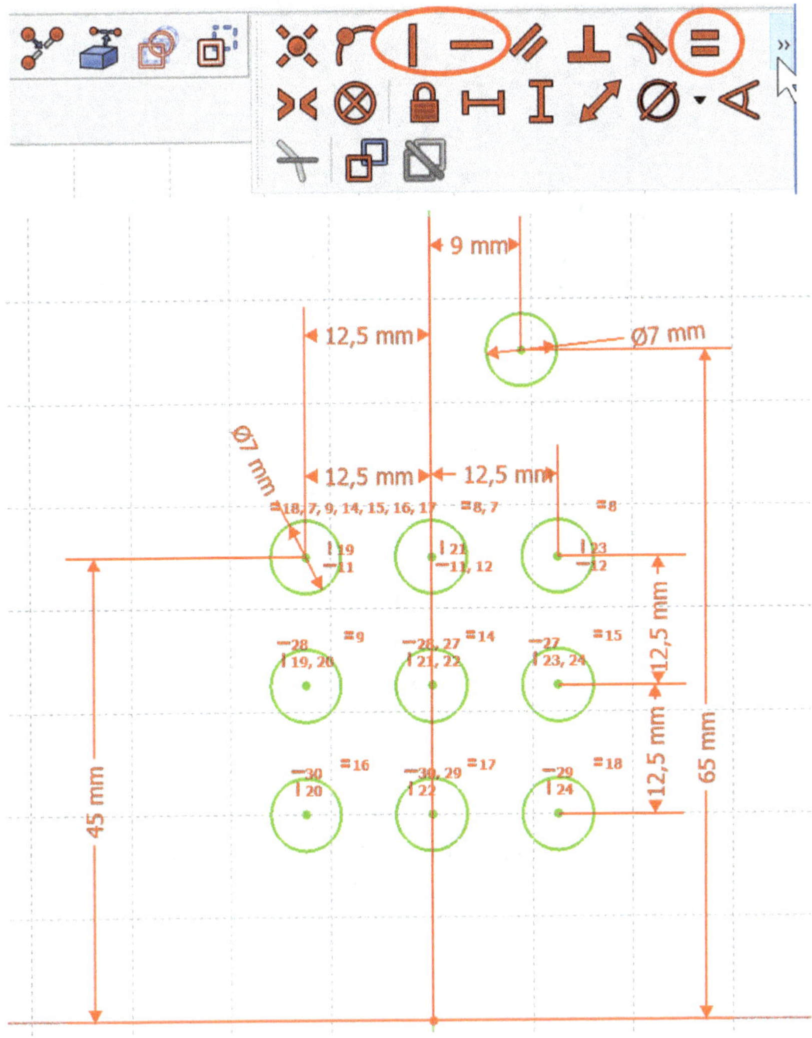

Le ultime tre chiavi devono essere disegnate come fori oblunghi. Due di essi devono essere disposti in orizzontale, uno in verticale. L'aspetto dovrebbe essere questo, comprese le dimensioni. Siamo al di sotto dell'asse di disegno orizzontale, cioè al di sotto degli altri tasti.

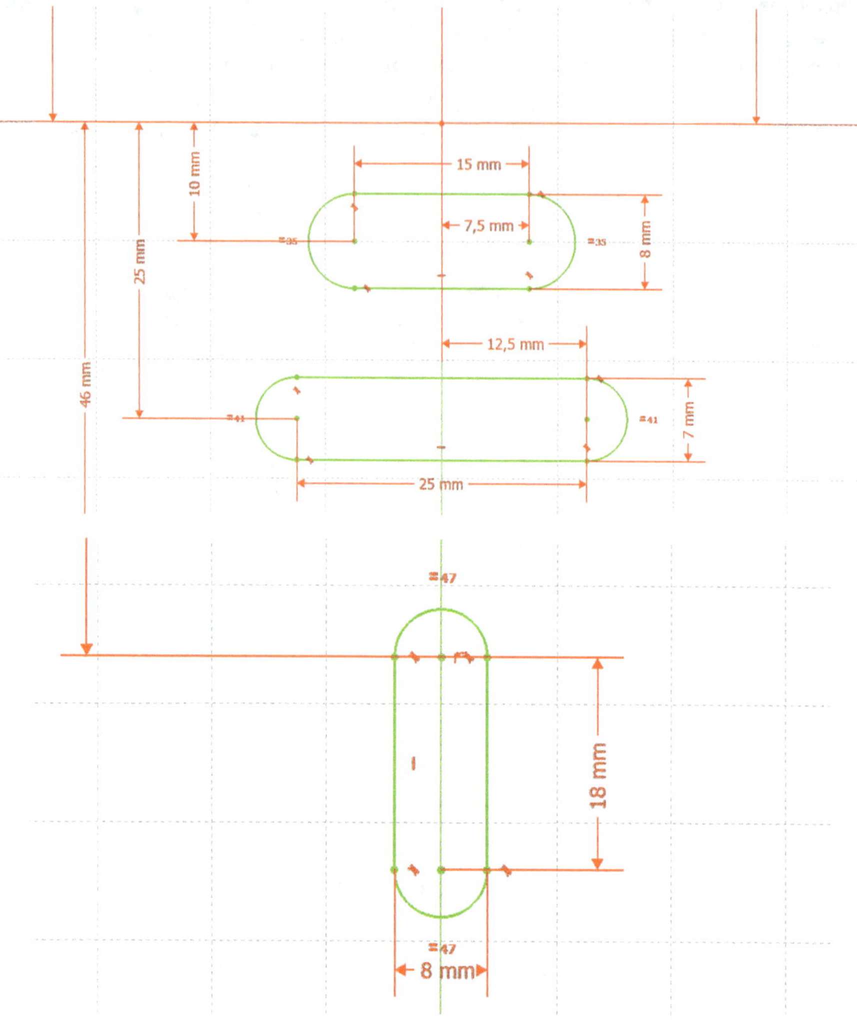

Poi possiamo terminare lo schizzo ed estrudere i pulsanti di 4,5 mm con il comando "Pad". Anche in questo caso è necessario attivare l'opzione "Reversed".

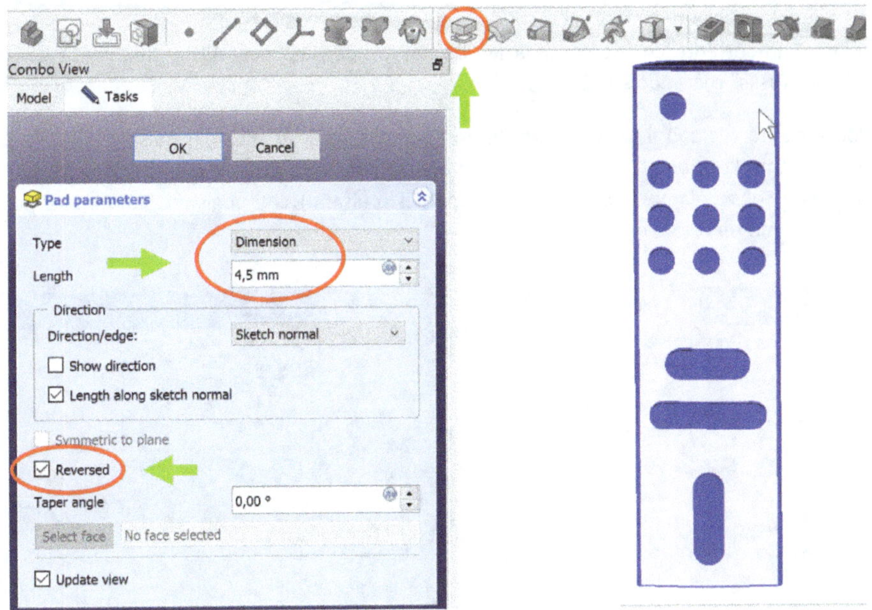

Poiché stiamo disegnando solo un manichino, i pulsanti sono collegati all'alloggiamento e <u>non sono</u> funzionali, ma vogliamo comunque distinguere l'aspetto nel colore rispetto al corpo di base. Possiamo colorare il corpo di base con un colore rosso, ad esempio. Sappiamo già come funziona grazie ai progetti precedenti.

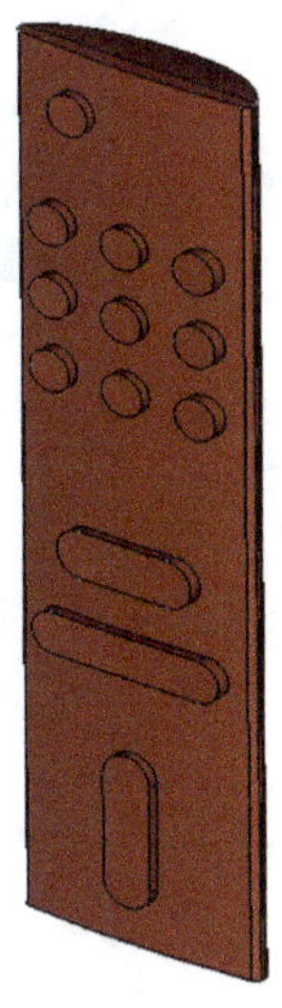

Ad esempio, vogliamo colorare i tasti di nero. La procedura da seguire è un po' diversa dal solito. È importante chiudere prima le "Display properties" nella vista combinata nella scheda "Tasks" cliccando su "Close".

Poi facciamo clic con il tasto destro del mouse sulla caratteristica dei pulsanti ("Pad") e selezioniamo l'opzione "Set colors ...". Con questo comando possiamo colorare le singole superfici. Selezioniamo quindi tutte le superfici (pulsanti) che vogliamo colorare e poi selezioniamo un colore nero.

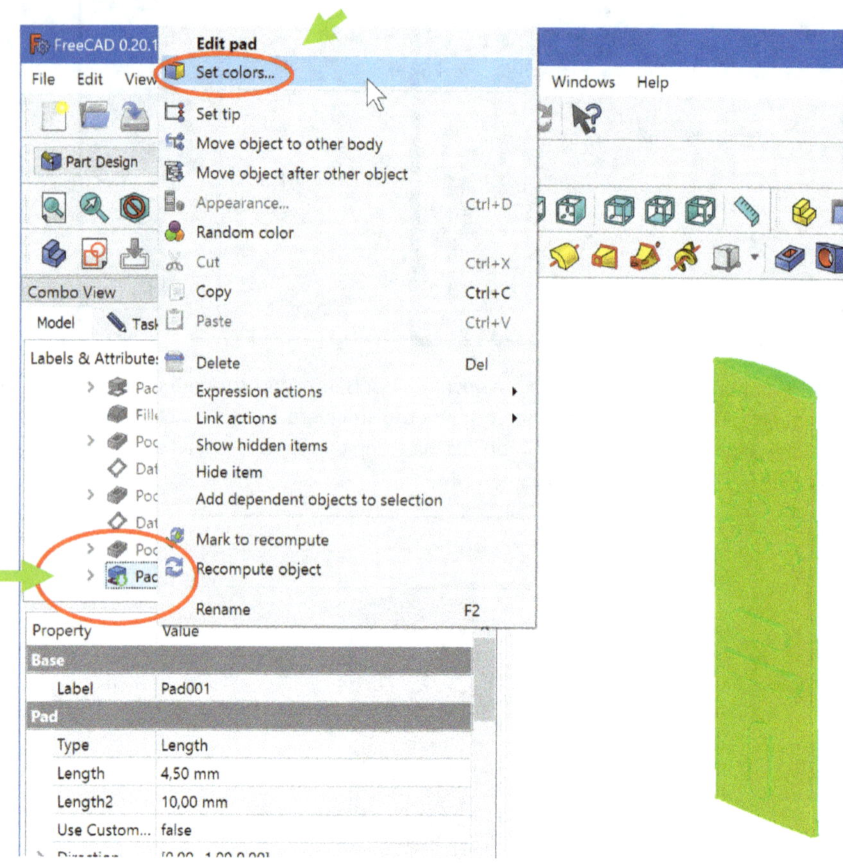

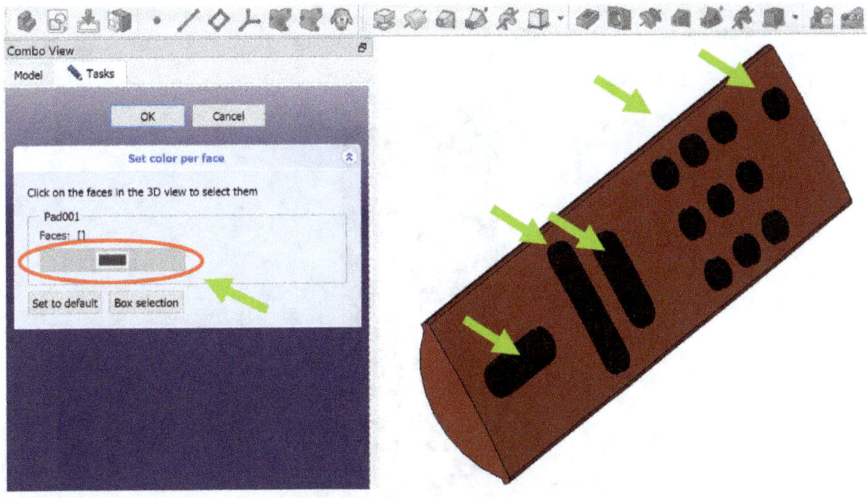

Ora abbiamo quasi finito. Nel prossimo passo, vorremmo creare una copertura precisa per il vano batterie del telecomando. Lo faremo in un nuovo documento, poiché si tratta di una parte separata.

In questo nuovo documento creiamo un corpo e uno schizzo sul piano x-y. Su questo schizzo disegniamo il profilo che abbiamo già tracciato per il taglio del coperchio della batteria.

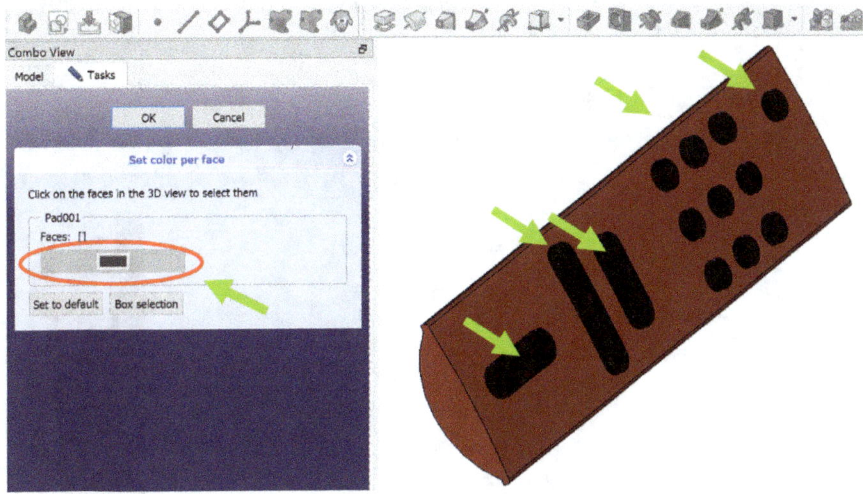

Poi estrudiamo questo profilo di 95 mm e lo coloriamo di rosso. La parte è ora pronta e può essere salvata.

Quindi creiamo un nuovo assieme creando un nuovo documento e passando all'area di lavoro "A2plus". In questo spazio di lavoro possiamo montare il coperchio della batteria del telecomando. Per farlo, utilizziamo il comando "Add a part from an external file" per inserire prima il telecomando e poi il coperchio.

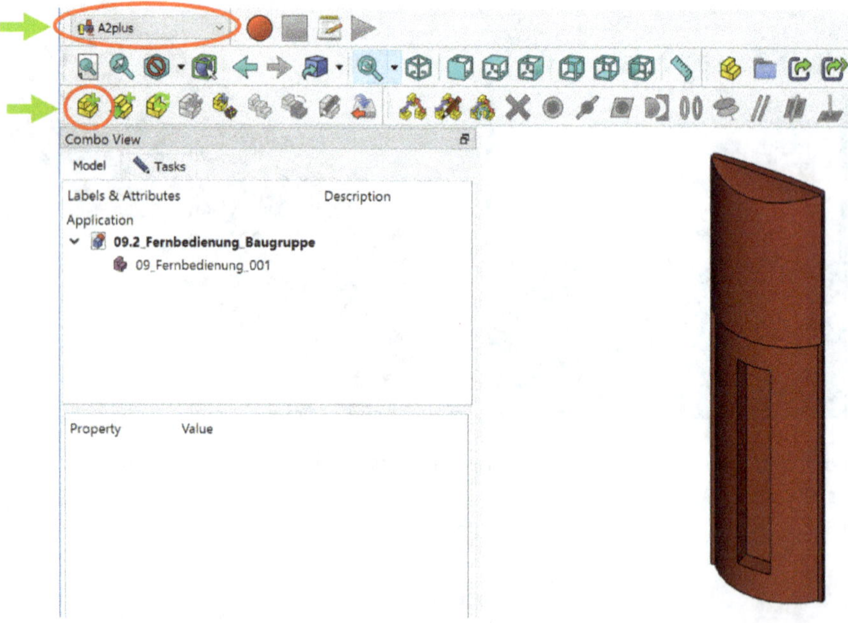

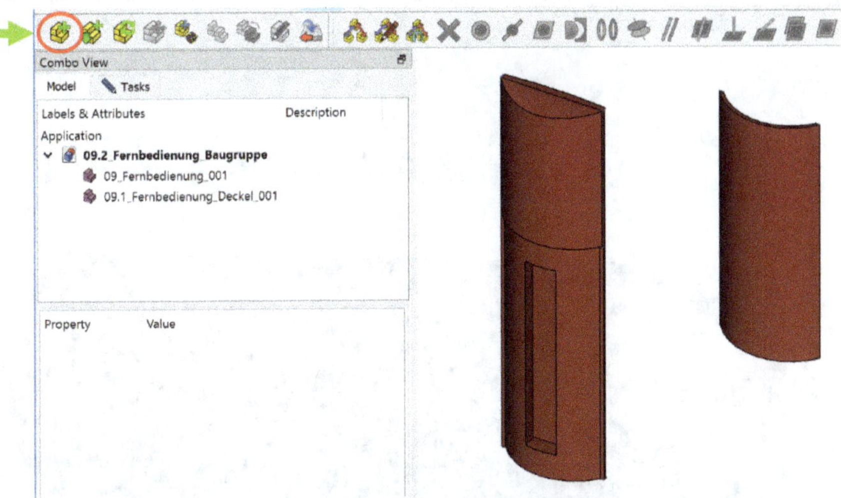

Per il montaggio, selezioniamo prima l'interno del coperchio e poi la superficie corrispondente del telecomando. Vengono quindi visualizzate le possibili connessioni. Selezioniamo il comando "Add axis Coincident constraint".

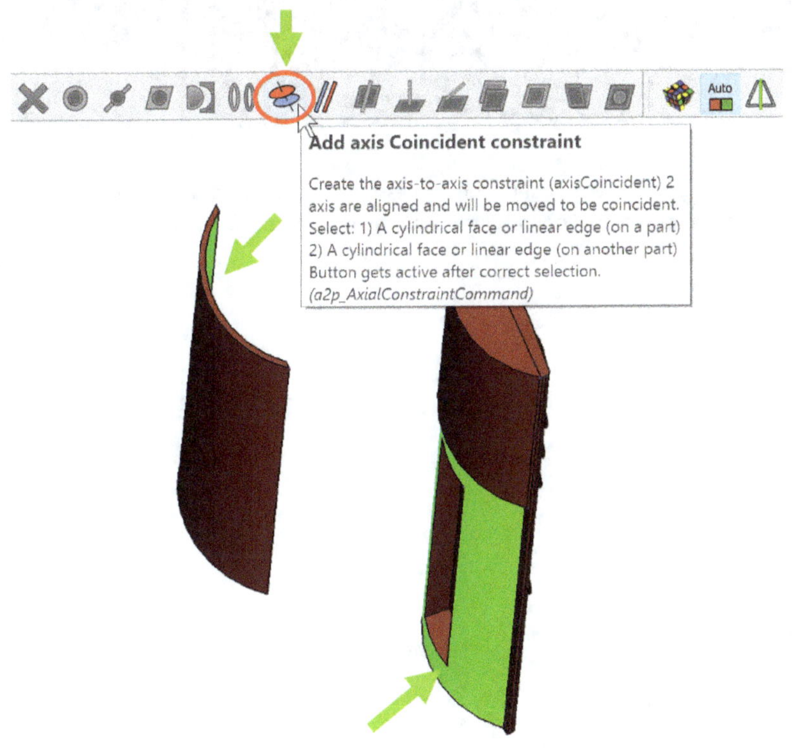

Ora il coperchio può essere spostato in direzione lineare. Per fissare il coperchio nella posizione corretta, selezioniamo le due superfici mostrate e clicchiamo sul comando "Add planeCoincident constraint".

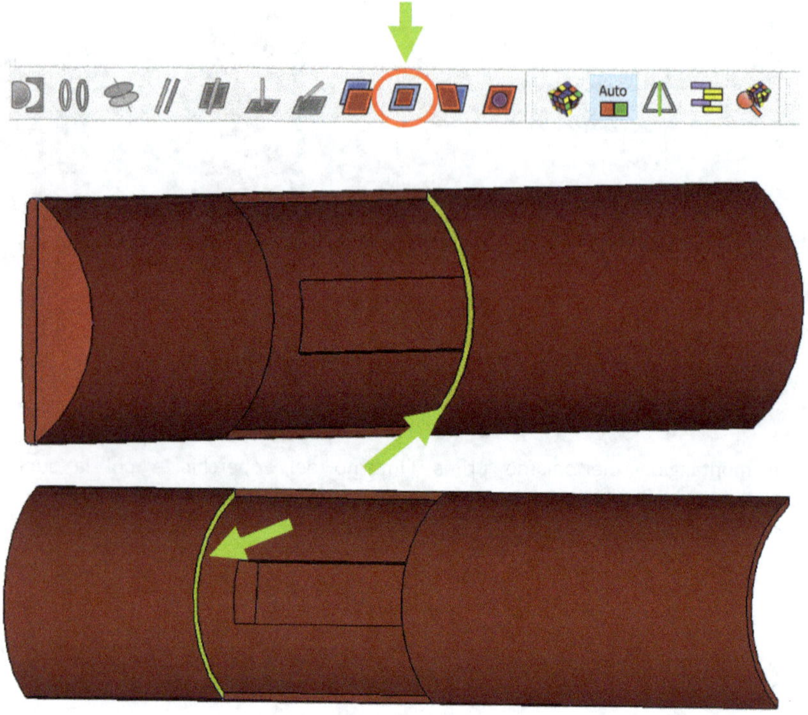

Perfetto, ora possiamo concludere con successo anche questo progetto di design e siamo arrivati alla fine del corso! Congratulazioni per essere arrivato fin qui!

Parole di chiusura

Eccellente! Ce l'hai fatta, con questo capitolo concludiamo il corso avanzato di progettazione CAD in "FreeCAD"! A questo punto dovresti già avere buone competenze nella progettazione CAD con "FreeCAD".

Insieme abbiamo costruito degli oggetti fantastici in questo corso, abbiamo imparato nuove funzioni e approfondito quelle di base. Quindi abbiamo realizzato un bel po' di cose! Sii giustamente orgoglioso di te stesso se sei arrivato fino a questa lezione! Congratulazioni!

Potrebbe esserci anche una seconda parte di questo corso di progettazione CAD avanzata, strutturata in modo simile e che tratterà altri oggetti di progettazione moderatamente difficili e molto complessi. Se sei interessato, ti invito a dare un'occhiata alla mia pagina autore di tanto in tanto per tenerti aggiornato.

E se vuoi anche sperimentare i tuoi oggetti di costruzione in 3D, dai un'occhiata alla stampa 3D. È estremamente divertente e vantaggioso poter materializzare le proprie costruzioni.

Il modo migliore per farlo è utilizzare il mio corso: "Stampa 3D | passo dopo passo" e iniziare oggi stesso!

Se ti è piaciuto il corso sulla progettazione CAD in "FreeCAD", mi farebbe molto piacere se mi lasciassi un voto e un breve feedback, oltre a raccomandare il corso ad altri! Questo aiuterà anche le altre parti interessate a prendere una decisione. Grazie mille e a presto.

Libri su argomenti che potrebbero piacerti anche

Tutti i libri sono disponibili online sulle solite piattaforme di vendita. È meglio cercare semplicemente il titolo o sentirsi liberi di visitare la mia pagina dell'autore. Alcuni dei libri potrebbero non essere ancora stati pubblicati e appariranno o si troveranno presto. Dai un'occhiata ai libri di tua scelta e portali a casa come e-book o paperback!

Stampa 3D:

CAD, FEM, CAM:

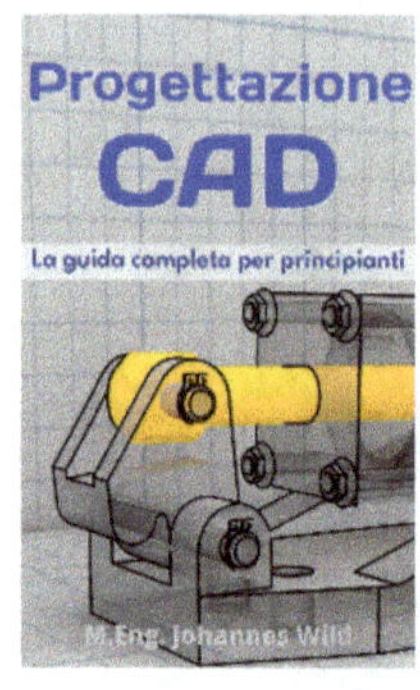

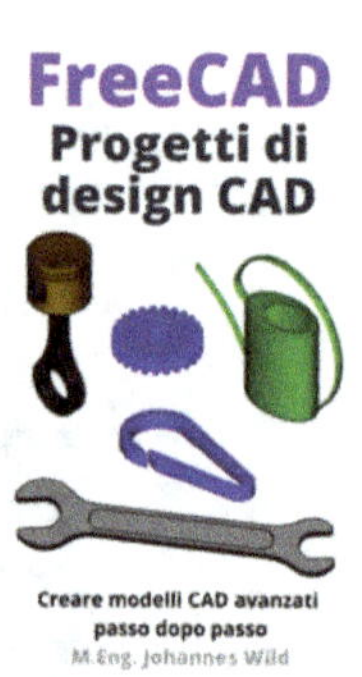

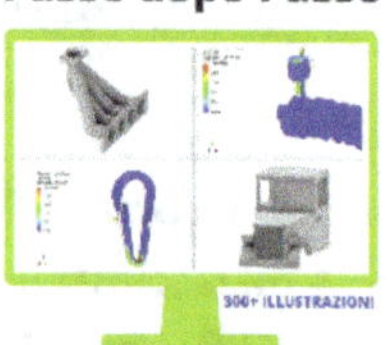

Elettrotecnica:

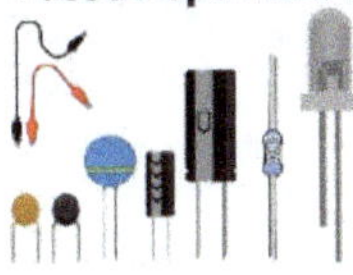

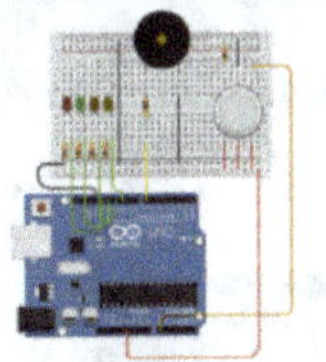

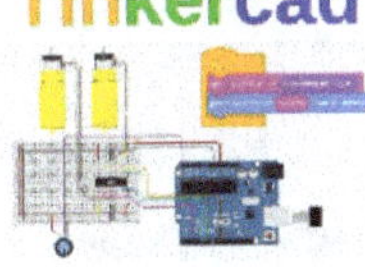

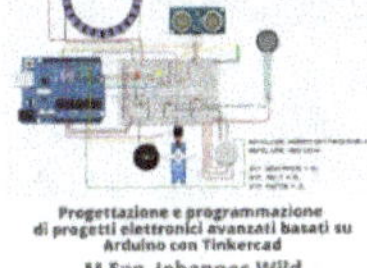

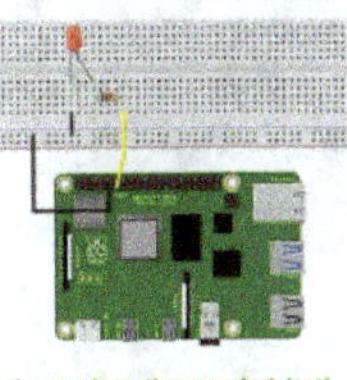

Programmazione e altri software:

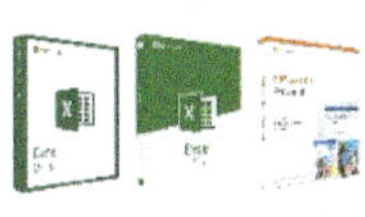

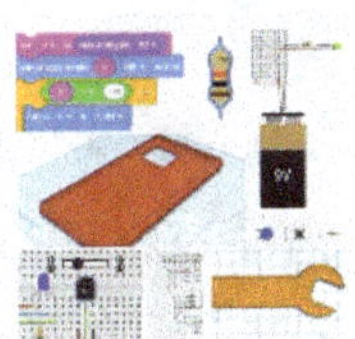

Ci sono anche video corsi identici per alcuni di questi libri:

Fusion 360 Passo dopo Passo | CAD,FEM e CAM per principianti
La guida pratica per AUTODESK FUSION 360! Impara la progettazione, la simulazione, la produzione e altro da un ingegnere
M.Eng. Johannes Wild
4.6 ★★★★⯪ (31)
3.5 total hours • 24 lectures • Beginner
Bestseller

Stampa 3D | Una guida passo dopo passo
La guida pratica per principianti e utenti! Un corso per tutti, creato da un ingegnere!
M.Eng. Johannes Wild
4.0 ★★★★☆ (28)
1.5 total hours • 20 lectures • All Levels

Progettazione CAD per principianti | Impara da un ingegnere
La guida practica alla creazione di oggetti e modelli 3D con software di progettazione CAD gratuito per stampa 3D, ecc.
M.Eng. Johannes Wild
4.2 ★★★★☆ (6)
1.5 total hours • 15 lectures • All Levels

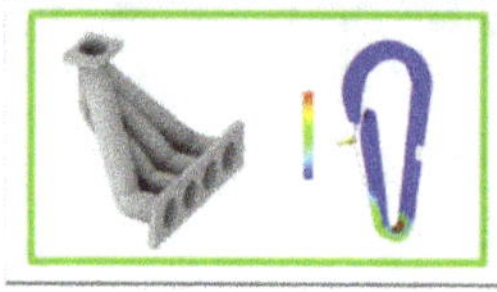

INVENTOR Passo dopo Passo | CAD & FEM per principianti
La guida pratica per AUTODESK INVENTOR! Impara la progettazione CAD, la simulazione FEM e altro da un ingegnere
M.Eng. Johannes Wild
4.2 ★★★★☆ (7)
3.5 total hours • 20 lectures • Beginner

...

Per l'acquisto puoi scegliere tra la piattaforma di apprendimento "Udemy":

Cerca il mio nome su www.udemy.com:

M.Eng. Johannes Wild o usa il seguente link:

www.udemy.com/courses/search/?src=ukw&q=m.eng.+johannes+wild

Iscriviti oggi e approfondisci le tue conoscenze!

Impronta dell'autore/editore

© 2023

Johannes Wild
c/o RA Matutis
Berliner Straße 57
14467 Potsdam
Germany

E-mail: 3dtech@gmx.de

Questo lavoro è protetto da copyright